LA GUERRE AU DAHOMEY

SECONDE PARTIE

LA

CONQUÊTE DU DAHOMEY

1893-1894

D'APRÈS LES DOCUMENTS OFFICIELS

PAR

ED. AUBLET

CAPITAINE D'INFANTERIE DE MARINE

OFFICIER D'ORDONNANCE DU MINISTRE DE LA MARINE

AVEC UNE CARTE ET 5 CROQUIS

BERGER-LEVRAULT ET Cie, ÉDITEURS

PARIS	NANCY
5, RUE DES BEAUX-ARTS	18, RUE DES GLACIS

1895

Tous droits réservés

LA GUERRE AU DAHOMEY

SECONDE PARTIE

LA
CONQUÊTE DU DAHOMEY

LA GUERRE AU DAHOMEY

SECONDE PARTIE

LA
CONQUÊTE DU DAHOMEY

1893-1894

D'APRÈS LES DOCUMENTS OFFICIELS

PAR

ED. AUBLET

CAPITAINE D'INFANTERIE DE MARINE
OFFICIER D'ORDONNANCE DU MINISTRE DE LA MARINE

AVEC UNE CARTE ET 5 CROQUIS

BERGER-LEVRAULT ET Cie, ÉDITEURS

PARIS | NANCY
5, RUE DES BEAUX-ARTS | 18, RUE DES GLACIS

1895

Tous droits réservés

AVANT-PROPOS

Après avoir, dans la *Guerre au Dahomey* [1],
retracé les phases à travers lesquelles sont passés
les Établissements français du Bénin, les négociations nombreuses que notre occupation du golfe
a amenées entre nous et le roi Behanzin, enfin
l'expédition militaire qu'il nous a fallu entreprendre contre notre sanguinaire et gênant voisin,
il était intéressant d'étudier quelles avaient été
les conséquences de la campagne de 1892.

De cette étude est sortie la *Conquête du Dahomey* que je présente aujourd'hui au public qu'in-
téressent les questions coloniales et dont le con-
tinent noir a surtout captivé l'attention.

C'est la relation des moyens employés pour

---

1. *La Guerre au Dahomey*, par le capitaine Aublet, do l'infanterie de marine. Berger-Levrault et Cie, éditeurs. Prix : 7 fr. 50 c.

arriver à la pacification complète du Dahomey, des pourparlers entamés de rechef avec Behanzin, des atermoiements du roi nègre, de sa déchéance et de la nouvelle expédition entreprise pour s'emparer de sa personne.

Par la crainte qu'il inspirait à des populations depuis si longtemps sous sa domination; par le prestige qu'il exerçait, même dans les régions parcourues par nos troupes, Behanzin était le seul obstacle à l'apaisement des esprits et à l'organisation rationnelle du pays.

Rendons justice à notre ennemi : il a lutté jusqu'au bout pour conserver sa puissance, et employé tous les moyens, toutes les ruses que l'imagination fertile du noir habitué à la guerre d'embûches pouvait lui suggérer pour retarder le dénouement fatal.

La dernière expédition n'a pas été meurtrière: le coup porté à Behanzin par la première campagne avait été trop énergique. Mais, en cette seconde expédition comme en la première, on doit admirer les dispositions prises par le commandant en chef: elles dénotent une connaissance approfondie du pays et aussi du caractère et des mœurs des indigènes.

Il nous faut également, et quelque regret que

nous en ayons, signaler la conduite étrange de certains négociants européens qui n'ont pas craint de fournir des armes à notre ennemi, alors même que les hostilités étaient ouvertes, oubliant en cela la solidarité qui devrait unir les peuples civilisés quand il s'agit de lutter contre l'ignorance et la barbarie.

Les mesures énergiques prises par le général Dodds serviront d'exemple à ceux qui désormais seraient tentés de recourir à de pareils procédés commerciaux.

Comme la *Guerre au Dahomey*, ce volume a été écrit à l'aide de documents authentiques et de pièces officielles.

Le lecteur est donc assuré d'y trouver une relation exacte et impartiale des faits qui ont amené la chute définitive de l'ancien royaume du Dahomey.

Pour l'intelligence du récit, j'ai cru devoir diviser la *Conquête du Dahomey* en trois parties qui correspondent aux différentes phases de cette campagne, savoir :

1° Les commandements intérimaires des colonels Lambinet et Dumas (avril à août 1893).

2° La deuxième expédition du général Dodds.

3° L'organisation civile du Dahomey.

Et maintenant, il me reste à souhaiter que le grand public réserve à ce nouveau et modeste travail le même accueil favorable qu'il fit, il y a un an, à la *Guerre au Dahomey*.

Décembre 1894.

E. AUBLET.

CARTE DU DAHOMEY

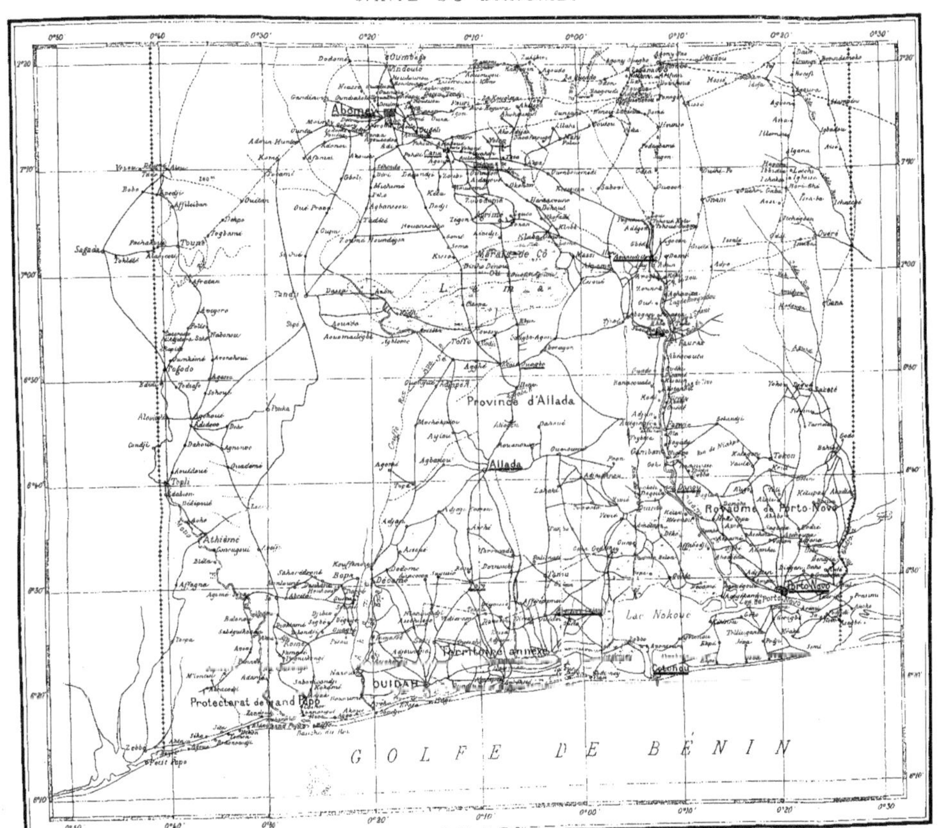

AUBLET. La Conquête du Dahomey (1893-1894).

Carte dressée au bureau topographique de l'État-Major.
Échelle: 1/500 000.

LA
CONQUÊTE DU DAHOMEY

Iʳᵉ PARTIE

LES COMMANDEMENTS INTÉRIMAIRES

(Avril à août 1893)

Commandement du colonel Lambinet. — Commandement
du colonel Dumas.

Situation du Dahomey après la prise d'Abomey. —
« La guerre semble définitivement finie », disions-nous
à la fin du dernier chapitre de la *Guerre au Dahomey*[1] ; et elle l'était effectivement en tant que guerre
sérieuse contre une armée organisée. Il faudrait bien
peu connaître les indigènes pour croire un instant
qu'après une campagne comme celle menée par le général Dodds, le pays rentrerait immédiatement dans
le calme le plus complet et se soumettrait, sans essais

---

1. La *Guerre au Dahomey*, 1888-1893, d'après les documents
officiels. Un volume in-8° de 358 pages, avec portrait, 21 croquis
et 2 cartes. 1894. Berger-Levrault et Cⁱᵉ, éditeurs. 7 fr. 50 c.

de révolte, aux conséquences d'une défaite dont le résultat immédiat était de le forcer à renoncer à ses séculaires coutumes de brigandage.

Behanzin est en fuite ; mais pour vivre lui-même et faire subsister ce qui reste de son armée, il est obligé de pressurer les populations et de disséminer ses forces par petits groupes ; ceux-ci agissant isolément provoqueront des escarmouches et des surprises toutes les fois qu'ils se heurteront aux petites colonnes envoyées pour arrêter leurs exactions.

Toutes les opérations coloniales ont la même suite : la Cochinchine, le Tonkin en sont des exemples, avec cette différence qu'au Bénin la population, au lieu de se « pirater » de village à village, est victime d'un pirate unique, le roi du Dahomey.

Sans doute la puissance dahoméenne est à peu près détruite, mais il faut achever de l'annihiler et pour cela supprimer le chef qui, bien que singulièrement amoindri, a encore assez de prestige pour inspirer la terreur à sa famille et à ses chefs et retenir autour de lui des bandes qu'il essaie de réorganiser.

Réfugié, après sa fuite d'Abomey, à Atcherigui, sur la montagne de Gbaoute, à quatre journées de marche environ au nord d'Abomey, Behanzin a encore autour de lui un certain nombre de guerriers bien armés, mais peu de munitions, encombré d'ailleurs par une masse de femmes et d'enfants.

Il cherche à reconstituer ses corps de troupes soit en recueillant les blessés guéris, soit en razziant des femmes dont il veut faire des amazones, soit enfin en forçant les Mahis à lui fournir des contingents.

Un autre foyer d'agitation s'est formé en même temps dans la région d'Agouy, sur le haut Ouémé, au nord des routes que la colonne expéditionnaire a suivies dans sa marche sur Abomey.

Cette région où règne Oungan, beau-frère de Behanzin, est restée fidèle à ce dernier et c'est de là qu'il tire les approvisionnements nécessaires à son camp.

Malheureusement on ne peut opérer en toute saison au Dahomey et il faut attendre que la crue du fleuve nous aide à pousser plus au Nord, pour forcer Behanzin dans sa dernière retraite et lui couper les routes encore ouvertes à sa fuite.

Il était difficile, dit le général, après un effort militaire qui avait absorbé toutes les forces vives du pays, de ne pas laisser la population se remettre aux travaux de culture indispensables pour assurer son existence normale.

Mais dans quelques mois, la montée des eaux permettra de tenter une démonstration vers le Nord sans que l'on soit obligé d'enlever la population mâle à ses occupations, dans une proportion aussi grande qu'il serait nécessaire de le faire actuellement.

Nous espérons donc, avec l'aide de nos canonnières, terminer d'une façon définitive l'œuvre commencée il y a quelques mois.

Nous n'avons pas, à la fin du premier ouvrage, parlé des petites attaques dont furent victimes nos reconnaissances, même avant la rentrée du général Dodds en France. Il nous a, en effet, paru préférable de dégager la belle campagne de 1892 de ce qui ne s'y rapportait pas immédiatement et n'était que la conséquence de l'occupation militaire du pays.

Nous y revenons aujourd'hui, en les notant dans l'ordre où elles se produisirent.

Reconnaissances aux environs des postes. — Au commencement de janvier 1893, une reconnaissance forte de 100 hommes, partie d'Abomey, rencontrait à 12 kilomètres au Nord des rôdeurs embusqués armés de fusils à pierre avec charge de chevrotines.

Les pertes de la reconnaissance furent :

Le lieutenant Vailly, blessé à la lèvre supérieure (il succomba le 25 février à un accès de fièvre bilieuse) ;

1 tirailleur tué à bout portant ;

5 tirailleurs blessés légèrement.

Le 19 février, une reconnaissance commandée par le commandant Audéoud était attaquée à l'est de Goho par des Dahoméens armés de fusils à pierre.

Le commandant Audéoud, le capitaine Millet, des tirailleurs, et 2 hommes du bataillon d'Afrique recevaient de légères contusions.

5 tirailleurs étaient blessés, dont 1 grièvement.

Dans les premiers jours de mars, une reconnaissance envoyée par le poste de Kotopa pour détruire un village insoumis du Dahomey avait un court engagement durant lequel étaient blessés 1 tirailleur et 1 homme du bataillon d'Afrique.

A la même époque, une bande de pillards Nagos qui opérait autour de la lagune Tjibe-Abomey, était désarmée. Le chef des Nagos de Kotopa qui la dirigeait donna comme excuse à son brigandage la nécessité de faire vivre ses hommes. Afin d'éviter le retour de pareils faits et fixer les Nagos errants autour de nos postes, le général leur fit envoyer des grains pour faire des semailles et vivre ainsi de leurs récoltes.

Quelques jours plus tard, une compagnie du bataillon d'Afrique fut établie à Ouagbo, au nord d'Allada, pour surveiller la Lama et en fouiller les débouchés ouest vers Tandji, où on signalait une bande forte de 200 fusils et plusieurs chefs dissidents ; mais tout ce monde s'enfuit rapidement vers le Nord à l'approche de la compagnie, qui put s'installer sans coup férir.

Enfin, dans les derniers jours du mois de mars, Behanzin, trompé par des mouvements de troupes nécessités par la relève, crut à une marche en avant de nos forces. Aussitôt de préparer sa fuite vers le Nord, tandis que les habitants d'Agony, en vue de retarder la marche supposée de nos colonnes, envoyaient des postes d'observation autour d'Abomey et de Cana.

Les reconnaissances venues des postes suffirent à les arrêter et à les refouler ; et elles n'eurent à enregistrer que la mort d'un tirailleur et 2 blessés.

Afin de soulager les troupes occupant aussi bien nos postes du Nord que ceux du Sud et dans le but de leur éviter des sorties continuelles, le général prescrivit, par une décision du 14 février, l'organisation de 2 compagnies franches composées chacune de 3 sections indigènes et d'une section européenne. Tous les hommes en étaient désignés sur leur demande et choisis parmi les plus solides.

Ces 2 compagnies étaient destinées à opérer dans des régions différentes pour inquiéter les partisans de Behanzin et empêcher toute organisation.

L'ordre n° 158 du 17 avril les constitua définitivement.

La première, formée à Porto-Novo, fut placée sous les ordres du capitaine Poivre, du bataillon étranger ;

La deuxième, formée à Abomey, fut placée sous les ordres du capitaine Benoit, de la 4ᵉ compagnie de tirailleurs sénégalais.

Enfin, comme dernière mesure, le général fit, avant son départ, arrêter dans le marais de Co (Lama), le chef dahoméen de Koneï (Kodji) qui avait organisé une bande pour voler les villages voisins.

Organisation du territoire. — Avant de quitter cette phase de l'occupation du Bénin, il n'est pas inutile de jeter un coup d'œil sur l'organisation intérieure du pays à laquelle dut songer le général, dès son retour à la côte.

La première division du territoire, faite après la prise d'Abomey, ne pouvait avoir qu'un caractère provisoire, car nous ne connaissions encore du pays que la route suivie par la colonne et les plaines avoisinant immédiatement la côte et Porto-Novo.

Pendant les mois qui suivirent et au fur et à mesure que les contrées visitées s'étendaient davantage, le général s'efforça de reconstituer, en se conformant aux usages du pays, les anciens groupements des villages en cantons et de rétablir les liens administratifs qui s'étaient singulièrement relâchés [1].

Après la conquête, le royaume, qui avait antérieurement une administration complète et régulière, s'était en effet trouvé tout d'un coup désemparé et les populations, habituées à vivre sous une main de fer, — celle d'un autocrate cruel et sanguinaire, dont la fantaisie et le caprice étaient les seuls guides, — surprises par des idées de liberté auxquelles rien ne les avait préparées et qui si subitement se réalisaient, n'avaient pu encore se ressaisir.

Il fallait donc donner à ces populations le temps de s'habituer au nouveau régime ; d'ailleurs, la comparaison seule de la situation qui leur était faite avec celle d'autrefois devait nous les attacher, et un peu

---

1. Arrêtés des 3, 4 et 9 avril 1893.

d'esprit de suite dans l'administration allait leur faire comprendre tous les avantages qu'elles tireraient de la disparition du potentat qui les opprimait.

De ce côté, pas d'inquiétudes à avoir, car déjà elles manifestaient leur satisfaction en venant rapidement réoccuper les villages désertés.

La réorganisation administrative présenta, elle, plus de difficultés.

Les anciens chefs du pays sur lesquels on désirait s'appuyer pouvaient se diviser en deux catégories. Les uns avaient accompagné Behanzin soit de bonne volonté, soit de force ; on ne pouvait donc compter sur eux. Les autres, et c'étaient les moins influents, étaient restés dans le pays, mais se tenaient à l'écart, non parce qu'ils nous étaient hostiles, mais parce qu'ils n'étaient pas encore rassurés sur nos intentions.

C'est sur ces derniers, faute des autres, qu'on devait s'appuyer, mais on comprend qu'il ait fallu leur laisser le temps de venir à nous au fur et à mesure que la confiance entrait dans leur esprit.

En attendant leur concours, nos officiers se trouvaient dans l'obligation d'administrer les populations qui résidaient dans la zone de leur commandement.

Une des premières mesures prises par le général Dodds fut la séparation de la province d'Allada, qui avait été primitivement comprise dans le cercle administratif de Ouidah.

On a vu que le 21 février 1893 le siège du quartier général avait été transféré à Ouidah et le commandement de Porto-Novo confié le 27 février au lieutenant-colonel Grégoire.

Le 6 avril, la pacification étant jugée assez avancée, l'ordre n° 154 séparait des territoires annexés la province d'Allada :

ORDRE GÉNÉRAL N° 154

CONSTITUTION DU CERCLE D'ALLADA

La province d'Allada est momentanément distraite du commandant de région de Ouidah et est constituée d'une façon autonome sous le nom de cercle d'Allada.

Le territoire de cette nouvelle subdivision est limité au Sud par la ligne frontière du territoire annexé ; à l'Est par la ligne des décimères de Quinto ; à l'Ouest par le Congo et au Nord par les dépressions où s'étend la Lama.

Le commandant du cercle d'Allada reçoit du général commandant supérieur délégation des pouvoirs civils et militaires dans toute l'étendue du territoire sous ses ordres. Il communique directement avec le général commandant supérieur.

Le commandant Chmitelin, commandant le bataillon léger d'Afrique, est nommé au commandement du cercle d'Allada à dater du 10 avril 1893.

Il aura sa résidence jusqu'à nouvel ordre à Ouagbo.

Au quartier général à Ouidah, le 6 avril 1893.

Le Général, commandant supérieur,
Signé : DODDS.

Envoi de missions. — Entre temps et en vue d'arracher définitivement les nouveaux territoires à l'influence de Behanzin, des missions avaient été envoyées dans différentes directions pour tâcher de rallier à notre fortune des chefs qui hésitaient encore.

L'une fut dépêchée à l'Adjaa Pohenzon, l'ancien chef des féticheurs du Dahomey, personnage important qui, d'après les usages du pays, présidait au sacre des rois.

A la mort de Glé-Glé, Behanzin ayant refusé de se laisser couronner par Pohenzon et pris le titre de chef des féticheurs, l'Adjaa abandonna la cour et nous fit à cette époque des offres de service. Retiré, depuis 1890, à Toune dans la vallée du Mono supérieur, il administrait avec une autorité doublée par son influence religieuse, un territoire s'étendant mi-partie sur notre zone d'influence, mi-partie sur le Togo allemand.

En juillet 1892, le général avait cherché à entrer en relations avec l'ancien chef des féticheurs, mais soit manque de confiance dans le succès de nos armes, soit par suite de l'intimidation que devait produire sur lui l'armée, à ce moment puissante, de Behanzin, cette première tentative n'aboutit pas.

L'Adjaa, pour s'isoler davantage, fit avec persistance courir à cette époque le bruit de sa mort.

Le général cependant ne crut pas à la nouvelle et le 24 janvier 1893 un nouvel émissaire partit pour

Toune avec mission de sonder Pohenzon sur ses dispositions à notre égard et connaître son avis au sujet d'un candidat à choisir pour la succession de Behanzin.

Pohenzon chargea l'envoyé d'assurer le général que ses sentiments à notre égard n'avaient pas changé, et qu'il accueillerait avec la plus grande joie l'arrivée d'une colonne française, capable de garantir l'intégrité de son territoire contre les exactions dahoméennes. Mais, affirmait-il, il n'était pas encore possible de donner un nouveau roi au Dahomey, Behanzin ayant emmené avec lui tous les princes de la famille royale et les gardant sous une étroite surveillance ; il ajoutait, d'ailleurs, qu'au moment voulu, il se ferait un devoir de nous aider dans le choix d'un successeur et d'aller le couronner lui-même à Abomey.

En attendant, son éloignement de nos postes le laissait sans défense, presque à la merci de son ennemi, et il demandait à n'avoir avec nous que des relations occultes jusqu'au jour où l'arrivée d'une de nos colonnes lui permettrait d'agir ouvertement avec la France, contre l'ennemi commun.

L'autre mission partit le 18 janvier, se dirigeant vers le nord de Sakété dans le but de rallier à nous les chefs voisins de la frontière hypothétique qui nous sépare de la colonie de Lagos. Cette mission rentrait dans les premiers jours d'avril, ayant complètement atteint son but. Elle avait conquis à notre influence les pays des Ouéré, des Hori-Ghé (18 villages) et de Ketou et soumis ainsi à notre contrôle les routes d'Abeokuta et de Lagos au pays des Mahis.

Le résultat de ces deux missions, dit le général, n'ont pas tardé à se faire sentir d'une façon appréciable à Atchérigui ; les difficultés de ravitaillement des troupes de Behanzin ont notablement augmenté, et le découragement, cortège obligé des privations et de la maladie, s'accuse par des désertions journalières que le système de surveillance incomparable de l'organisation dahoméenne est impuissant à empêcher.

Enfin, le 20 avril, grâce à toutes les mesures prises et à l'entente parfaite des besoins du pays, le général Dodds pouvait écrire :

Complète dans les territoires annexés, la pacification a fait, en outre, au cours de ces deux derniers mois, des progrès considérables dans le vaste espace qui s'étend au nord desdits territoires entre Allada, l'Ouémé et la rivière Ahémé.

Partout les villages font leur soumission, et il faut aller jusqu'au voisinage de la Lama, pour trouver un pays qui ne soit pas absolument sûr, bien que n'ayant donné lieu, jusqu'à présent, à aucune action militaire effective.

Dans la Lama même, certains chefs, comme celui de Togo, se sont ralliés franchement à notre cause et arrêtent les déserteurs qui s'échappent du camp de Behanzin.

Au nord d'Abomey, la situation n'est plus la même ; à

quelques kilomètres dans l'est de l'ancienne capitale du Dahomey se trouve le groupement d'Agouy signalé plus haut ; au nord, les avants-postes de l'ennemi ; à l'ouest et au sud, les rôdeurs isolés, déserteurs ou pillards cherchant à enlever aux Nagos ralliés à notre cause ce que les hasards de la guerre leur ont laissé.

Dans toute cette partie qui s'étend au nord de la Lama, la pacification ne pourra être complétée que par l'anéantissement de la puissance de Behanzin.

Le colonel Lambinet prend les fonctions de commandant supérieur. — Le 21, le général signait l'ordre suivant et s'embarquait le 24 pour la France avec les commandants Drude, Roques et Taverna, son officier d'ordonnance le lieutenant Vuillemot, et l'aumônier Vathelet.

ORDRE GÉNÉRAL Nº 162

Le général, commandant supérieur, se rendant en France, en mission, remet, à la date du 24 avril courant, au colonel Lambinet les pouvoirs civils et militaires dont il est investi.

Au quartier général, à Ouidah, le 21 avril 1893.

Le Général, commandant supérieur,
Signé : DODDS.

Le capitaine Roget prit le commandement de Kotonou en remplacement du lieutenant-colonel Gonard passé chef d'état-major.

Le commandant Echalier prit le commandement du cercle de Ouidah et le lieutenant Savatier, du bataillon d'Afrique, fut attaché au colonel comme officier d'ordonnance.

Commandement du colonel Lambinet. — En prenant la direction des affaires du Bénin, le colonel Lambinet trouva le pays remarquablement organisé au point de vue militaire.

Depuis décembre 1892, dit-il, a commencé, sous la protection des garnisons du Haut-Dahomey une poussée lente mais incessante vers le Nord qui s'est effectuée par bonds successifs.

Cette disposition offrait les avantages suivants :

D'une part, on pouvait ainsi acclimater et entraîner les contingents venus pour remplacer les éléments, qui, à la suite des fatigues de la colonne sur Abomey, avaient dû être rapatriés.

Grâce aux marches de poste en poste, seules possibles, étant donné le rendement très restreint des moyens de transport utilisables, grâce aux reconnaissances incessantes faites autour des postes, et bien qu'aucune grande opération n'ait pu être tentée, les troupes ont été soumises à un entraînement progressif. Elles ont ainsi d'abord été mises rapidement en main, puis elles sont demeurées constamment en haleine, s'aguerrissant peu à peu dans de petites rencontres et se familiarisant avec les difficultés de la guerre dans ce pays.

D'autre part, la poussée méthodique vers le Nord, dont il a été parlé ci-dessus, permettait d'échelonner les troupes sur les deux grandes voies menant de la côte vers la région d'Abomey, l'une fluviale par l'Ouémé gardée par 2 postes ; l'autre partant d'Ouidah et passant par Allada et la dépression de la Lama.

Cette dernière se trouvait actuellement jalonnée par une série de postes, construits lors de chacun des bonds successifs de cette marche lente. Lorsque le moment de reprendre les opérations sera venu, chacun de ces postes servira de halte-repas ou de cantonnement pour les troupes qui se concentreront sur les éléments placés en tête de l'échelonnement et ultérieurement de gîte d'étapes quand les services de l'arrière auront à fonctionner.

Cette marche d'approche méthodique a produit un effet salutaire d'intimidation sur Behanzin qui ne l'a pas comprise et n'a pas saisi la portée des mouvements de troupes continuels dont ses espions lui rendaient compte ; elle a certainement été une des raisons sérieuses qui l'ont décidé, vers la fin d'avril, à entamer quelques pourparlers avec la France en vue d'une soumission.

D'un autre côté, les troupes stationnées dans la région d'Abomey opéraient des reconnaissances incessantes. Leur résultat a été de donner de l'air à nos postes et de se rendre compte qu'au nord de la ligne occupée par nous depuis Abomey jusque l'Ouémé existait un service de surveillance exercé sur nous par les Dahoméens. En arrière de notre ligne de postes, les rencontres avec eux ont été rares.

D'ailleurs, des nombreuses rencontres qu'ont nos troupes

avec les Dahoméens, il semble ressortir que leurs tentatives contre nous ne sont pas combinées, ce qui pourrait donner à penser que, sous forme insurrectionnelle, la piraterie ne soit sur le point de commencer dans le haut pays.

Emplacement des troupes à la date du 10 mai.

1° En avant-postes garnisons du Nord (Abomey, Goho, Cana, Cotopa).

> 1 compagnie blanche ;
> 4 compagnies noires ;
> 1 section d'artillerie.

2° En colonne par échelons :

Colonne de gauche (Ouidah, Allada, Abomey) :

> 2 compagnies blanches ;
> 2 compagnies noires ;
> 1 section d'artillerie.

Colonne de droite (cours de l'Ouémé) :

> 2 compagnies blanches ;
> 2 compagnies noires ;
> 1 section d'artillerie.

3° En réserve (Porto-Novo, Cotonou, Ouidah):

> 2 compagnies blanches ;
> 2 compagnies noires.

Cette répartition est une disposition préparatoire d'opération : elle permet, en faisant serrer les éléments sur la tête de chaque colonne, de former 3 groupes autonomes, qui seront dirigés sur le point jugé utile par le commandant au moment d'entrer en campagne.

ÉTABLISSEMENTS FRANÇAIS
DU BÉNIN

—

COMMANDANT SUPÉRIEUR

—

ÉTAT-MAJOR

—

3e bureau

Tableau d'emplacement des troupes à la date du 1er mai 1893.

QUARTIER GÉNÉRAL DU COMMANDANT SUPÉRIEUR

Commandant supérieur : Colonel LAMBINET, de l'infanterie de marine, hors cadres, à Ouidah.

ÉTAT-MAJOR

Chef d'état-major : Lieutenant-colonel GONARD, de l'infanterie de marine, hors cadres, service d'état-major, à Ouidah.

Directeur et commandant des troupes d'artillerie du Bénin : Chef d'escadron LANFROY, provisoirement à Cotonou.

Chef du service administratif du Bénin : Commissaire adjoint BOUCARD, provisoirement à Porto-Novo.

Chef du service de santé du Bénin : Médecin principal des colonies RANGÉ, provisoirement à Porto-Novo.

RÉGION D'ABOMEY

Commandant de région : Lieutenant-colonel MAUDUIT, de l'infanterie (guerre), breveté, hors cadres, à Goho.

PLACE DE GOHO

Major de la garnison de la place de Goho et commandant du territoire de cette place : Commandant ROUVILLAIN-SAGUÉS, du bataillon étranger, à Goho.

Troupes :
- 1re compagnie de tirailleurs sénégalais, à Goho ;
- 4e — —
- 2e compagnie de tirailleurs haoussas, à Goho ;
- Section d'artillerie de montagne (détachement n° 2), à Goho.
- Compagnie franche d'Abomey, à Goho.

POSTE DE CANA

Commandant du poste et commandant du territoire dépendant de ce poste : Capitaine LEMOINE, des tirailleurs sénégalais, à Cana.

Troupes : 12ᵉ compagnie de tirailleurs sénégalais, à Cana.

POSTE DE COTOPA

Commandant du poste et commandant du territoire dépendant de ce poste : Capitaine TAILHADE, des tirailleurs sénégalais, à Cotopa.

Troupes : 10ᵉ compagnie de tirailleurs sénégalais, à Cotopa.

RÉGION DE PORTO-NOVO

Commandant de région : Lieutenant-colonel GRÉGOIRE, de l'infanterie de marine, breveté, hors cadres, à Porto-Novo.

PLACE DE PORTO-NOVO

Major de la garnison de la place de Porto-Novo et commandant du territoire dépendant de cette place : Commandant CLÉMENT, commandant le bataillon des tirailleurs haoussas.

Troupes :
- 1ʳᵉ compagnie du 4ᵉ bataillon du 3ᵉ de marine, à Porto-Novo.
- 1ʳᵉ compagnie du 4ᵉ bataillon du 4ᵉ de marine, à Porto-Novo.
- 1ʳᵉ compagnie des tirailleurs haoussas, à Porto-Novo.
- Section d'artillerie de montagne (détachement du Bénin), à Porto-Novo.
- Détachement d'ouvriers d'artillerie, à Porto-Novo.
- Dépôt de Sénégalais, à Porto-Novo.
- Dépôt de Haoussas, à Porto-Novo.

PLACE DE DOGBA

Commandant du poste et commandant du territoire dépendant de ce poste : Capitaine PASSARD, de l'infanterie (guerre), hors cadres, à Dogba.

Troupes : 2ᵉ compagnie du bataillon d'infanterie légère d'Afrique, à Dogba.

POSTE D'ONANGITOMÉ

Commandant du poste et commandant du territoire dépendant de ce poste : Capitaine BOUCHÉ, des tirailleurs haoussas, à Onangitomé.

Troupes : 2ᵉ compagnie de tirailleurs haoussas, à Onangitomé.

PLACE DE COTONOU

Commandant d'armes de cette place et commandant du territoire qui dépend de cette place : Commandant AUDÉOUD, de l'infanterie de marine, hors cadres, à Cotonou. (Le commandement du bataillon d'infanterie de marine de marche lui a été confié à défaut de titulaire de cet emploi.)

Troupes : 1ʳᵉ compagnie du bataillon d'infanterie de marine du Sénégal, à Cotonou.
Dépôt du bataillon étranger, à Cotonou.
Dépôt du bataillon d'Afrique, à Cotonou.
Section d'artillerie de montagne (détachement nᵒ 2), provisoirement à Cotonou.

POSTE DE DANOU

Poste occupé en ce moment par un détachement de tirailleurs indigènes, à Danou.

RÉGION DE OUIDAH

Commandant de région : Chef de bataillon Échalier, de l'infanterie de marine, à Ouidah.

PLACE DE OUIDAH

Major de garnison de la place de Ouidah et du territoire qui dépend de cette place : Commandant Échalier, à Ouidah. Le commandement de la fraction du régiment sénégalais détaché au Bénin est exercé en outre par cet officier supérieur.

Troupes :
- 9ᵉ compagnie de tirailleurs sénégalais, à Ouidah.
- 11ᵉ   —   —
- 4ᵉ compagnie de tirailleurs haoussas, à Ouidah.
- Détachement de conducteurs sénégalais, à Ouidah.

POSTE DE TORI

Commandant du poste et commandant du territoire dépendant de ce poste : Lieutenant Vernet, de l'infanterie de marine, à Tori.

Troupes : 3ᵉ compagnie du bataillon d'infanterie de marine du Sénégal, à Tori.

POSTE DE GODOMEY

Commandant du poste et commandant du territoire dépendant de ce poste : Lieutenant Prévot, du bataillon étranger, à Godomey.

Troupes : 1 peloton de la 1ʳᵉ compagnie du bataillon étranger, à Godomey.

POSTE D'ABOMEY-CALAVI

Commandant du poste et commandant du territoire dépendant de ce poste : Capitaine Vernier, du bataillon étranger, à Abomey-Calavi.

Troupes : 1 peloton de la 1ʳᵉ compagnie du bataillon étranger, à Abomey-Calavi.

RÉGION D'ALLADA

Commandant de région : Chef de bataillon Chmitelin, de l'infanterie (guerre), commandant le bataillon d'infanterie légère d'Afrique, à Ouagbo.

POSTE D'OUAGBO

Commandant du poste et commandant du territoire dépendant de ce poste : Commandant Chmitelin, à Ouagbo.

Troupes : 4ᵉ compagnie du bataillon d'infanterie légère d'Afrique, à Ouagbo.

POSTE D'ALLADA

Commandant du poste et commandant du territoire dépendant de ce poste : Capitaine Royal, du bataillon d'infanterie légère d'Afrique, à Ouagbo.

Troupes : 2ᵉ compagnie du bataillon étranger, à Ouagbo.

Ouidah, 10 mai 1893.

Le Chef d'état-major,

Signé : Gonard.

Les reconnaissances se poursuivaient cependant aux environs de nos postes du Haut-Dahomey et toujours nos troupes avaient affaire aux avants-postes dahoméens avec lesquels elles échangeaient, à chaque sortie, des coups de fusil.

Dès qu'une troupe sort, dit le colonel, elle est accueillie par quelques coups de feu isolés, venant de gens qui s'enfuient aussitôt après avoir tiré, pour aller reprendre plus loin sur la route un autre emplacement favorable.

Au bruit des premiers coups de fusil, tous les rôdeurs arrivent et la reconnaissance s'avance ainsi, éprouvant une résistance de plus en plus grande et ne pouvant tirer qu'un médiocre parti de sa supériorité d'armement contre des ennemis qu'elle ne peut ni voir, ni atteindre. Elle rentre alors harcelée par des gens de plus en plus nombreux qui n'abandonnent la lutte qu'en vue du fort.

En résumé peu de pertes de part et d'autre, mais des fatigues inutiles de notre côté puisque le résultat est négatif.

Une de nos reconnaissances cependant fut plus importante et eut des résultats plus graves. Il s'agit de celle exécutée par le commandant Chmitelin, de la légion, sur le village de Houanzouko [1].

---

1. On a vu que le commandant Chmitelin avait été, le 6 avril, nommé au commandement du cercle d'Allada, avec résidence à Ouagbo (ordre général n° 154).

RAPPORT DU COMMANDANT CHMITELIN A M. LE COLONEL COMMANDANT SUPÉRIEUR DES ÉTABLISSEMENTS FRANÇAIS DU BÉNIN.

ÉTABLISSEMENTS FRANÇAIS
DU BÉNIN

—

RÉGION D'ALLADA

—

Poste d'Ouagbo.

Ouagbo, le 2 mai 1893.

Le chef de bataillon Chmitelin, commandant la région d'Allada, à M. le colonel, commandant supérieur des Établissements français du Bénin

à Ouidah.

Mon colonel,

J'ai l'honneur de vous rendre compte que je viens de rentrer de la reconnaissance du village de Houanzouko, situé sur la ligne Toffo-Dinho-Abomey.

Le village était défendu et j'ai dû le prendre de vive force.

J'ai eu malheureusement 4 blessés dans cette affaire, ce sont :

M. le capitaine Maugin[1], atteint à plusieurs endroits, aux bras et à la poitrine.

M. le lieutenant Digrot, touché à la cuisse gauche.

Le sergent Bianconi, de la 4ᵉ compagnie, touché à la jambe.

Enfin le chasseur Caumis qui a reçu un projectile dans la fesse.

---

1. Par décret du 11 mai 1893, le capitaine Mangin fut promu chef de bataillon et les lieutenants Courte et Maigrot capitaines.

De toutes ces blessures, les plus graves sont celles du capitaine Maugin.

Cet officier a reçu plusieurs projectiles aux avant-bras. L'un d'eux, entré dans le poignet gauche, lui a cassé un os du bras et le fait beaucoup souffrir.

De plus il a reçu un projectile dans le téton droit et un autre au bas de la poitrine.

Le Dr Saint-Macary n'est pas encore bien fixé sur la gravité de cette dernière blessure, étant donné la région du corps où elle se trouve.

Quant au capitaine Maugin, il n'a eu qu'un peu de fièvre aujourd'hui et il peut marcher. Il se montre gai et n'est nullement affecté d'avoir été ainsi criblé.

Les blessures de M. Digrot, du sergent et du chasseur sont peu graves. Elles seront guéries en peu de temps.

Les projectiles dont se sont servis les Dahoméens sont de grosses chevrotines, en plomb et même en grès dur. Presque toutes sont restées dans les plaies.

Il y a eu cependant un projectile d'arme à tir rapide qui a perforé un porteur de part en part et l'a tué net.

Houanzouko a été défendu par les habitants réunis des villages de Dinho, Quisabano, Somé, Gomé et Houanzouko.

Tous ces villages étaient abandonnés à notre passage et nous n'avons aperçu aucun habitant jusque près de Houanzouko.

Les indigènes s'étaient placés à 500 mètres environ en avant du village, sur notre gauche et à peu de distance de la route, derrière un épais fourré dans lequel ils avaient dû se ménager des sentiers de retraite.

Depuis Dinho et même à travers toute la Lama, la route

passe ainsi dans la brousse, au milieu des hautes herbes et de fourrés.

C'est un terrain essentiellement favorable à la guerre d'embuscades.

L'ennemi a commencé le feu lorsque toute la reconnaissance a été en vue ; celle-ci a répondu vigoureusement et s'est portée en avant et a délogé les noirs qui se sont écoulés vers le village parallèlement à la route.

Elle leur a tué une dizaine d'hommes et pris deux fusils à pierre.

La reconnaissance s'est ensuite portée aux abords du village où elle a encore été attaquée sur sa droite et en avant.

Heureusement toutes les balles portaient trop haut.

Enfin la reconnaissance a pénétré dans le village qui était complètement abandonné et a mis le feu à toutes les cases.

Elle s'est ensuite retirée, après avoir confectionné les brancards nécessaires aux blessés.

J'enverrai mon rapport de reconnaissance ainsi que le croquis aussitôt que possible.

J'avais déjà envoyé deux courriers de Houanzouko même pour rendre compte à Ouagbo et à Ouidah. Mais les porteurs ont dû être arrêtés et mis à mort, car quelque temps après leur départ nous avons entendu des coups de fusil dans la brousse.

Signé : CHMITELIN.

Pour copie conforme :

Le Chef d'état-major,
Signé : GONARD.

Il faudra[1], au successeur de Behanzin, dit le colonel, une grande énergie et un grand ascendant moral pour faire rentrer dans l'ordre cette population turbulente que notre intervention au Bénin va priver de ses moyens d'existence.

Derrière ce rideau de gens remuants, qui constituent la véritable pierre d'achoppement du règlement de la question du Dahomey, se trouve l'armée régulière.

Sa situation n'a pas changé. On souffre à Atchérigui, mais la discipline de fer à laquelle sont soumises les troupes du roi empêche toute idée de révolte et de désertion.

Tous les cinq jours, on célèbre au camp la fête du fétiche du roi. En présence des soldats assemblés, le grand féticheur apporte une statue voilée et prononce cette phrase : « Si quelqu'un de vous a mal pensé du roi, le fétiche se découvrira, » puis chacun défile devant la statue qui se découvre toujours devant un malheureux quelconque, innocent ou coupable, et dont on fait sur-le-champ tomber la tête.

C'est ainsi que Behanzin a pu garder son monde sous la main en dépit d'une épidémie de variole, qui, après avoir fait depuis quelque temps un nombre considérable de victimes, commence seulement à décroître.

Négociations avec Behanzin. — Tout en pensant qu'une seconde expédition était nécessaire pour forcer Behanzin dans sa retraite et le réduire à faire sa sou-

---

1. Rapport du 10 mai.

mission, le général Dodds avait tenté néanmoins d'arriver au même résultat par des négociations pacifiques.

Il espérait que l'ex-roi du Dahomey, rendu plus sage par la sérieuse leçon infligée, consentirait à renoncer à ses habitudes de fourberie pour entrer dans une voie de franchise que son intérêt lui conseillait.

Il ne pouvait être question de traiter directement avec Behanzin car c'eût été lui reconnaître un titre dont nous l'avions déchu, mais il était possible de faire agir sur lui indirectement ; et de longs pourparlers officieux furent engagés avec des princes de son entourage disposés à nous seconder et qu'on savait avoir sur lui une certaine influence.

Ces négociations aboutirent en partie et quelques jours après le départ du général, le colonel Lambinet reçut à Ouidah des messagers de Behanzin porteurs du bâton royal.

Ils apportaient la « récade » suivante :

Monsieur le commandant supérieur,

Le roi salue M. le Président de la République, le général, le colonel et tous les officiers.

Il reconnaît qu'il est battu ; c'est le bon Dieu qui a voulu la guerre.

Il vient demander la paix et offre sa soumission, il aurait fait cette demande plus tôt, mais il en a été empêché par les considérations suivantes :

1° Les Nagos attaquaient constamment les Daho-

méens qui essayaient de passer et coupaient les chemins ;

2° Toffa se vante partout que c'est lui qui a fait la
guerre au Dahomey et qu'il a été le vainqueur.

Behanzin prie qu'on empêche Toffa de dire des mensonges et du mal de lui, car si Toffa sert la France, le
Dahomey la sert depuis longtemps. S'il avait voulu, il aurait pu écraser Porto-Novo avant l'arrivée des Français.

Il veut la paix avec la France et ne veut plus la
guerre.

Le roi demande à habiter le plateau d'Abomey et que
les postes au nord de la Lama soient évacués.

Traduit par l'interprète Chagas, en présence de MM. le
colonel commandant supérieur, Schillemans, chef de bataillon, directeur des affaires politiques ; d'Albéca, administrateur de Ouidah ; Candido Rodriguez Feliciano de
Souza.

Les messagers ajoutaient verbalement que Behanzin se contenterait du plateau d'Abomey pour y faire
de la culture, qu'il obéirait aux ordres d'un résident à
Abomey, qu'il rendrait les armes et licencierait son
armée.

Ils affirmaient, en outre, que Behanzin ne connaissait pas sa déchéance, nul n'ayant osé la lui notifier, à
cause des procédés particuliers qu'il employait envers
le messager porteur de mauvaises nouvelles.

Behanzin espérait donc encore recouvrer son
royaume ou tout au moins son ancienne résidence,

point capital pour lui, car il pensait en y rentrant pouvoir reconquérir un peu de son prestige.

Or c'était justement là ce que voulait éviter le Gouvernement en exigeant la reddition pure et simple du roi vaincu et en lui promettant avec la vie sauve une résidence digne de lui, mais hors du pays.

La terreur qu'inspirait encore Behanzin aurait en effet suffi à lui rendre son autorité et sa présence, qu'on n'eut pas manqué d'interpréter comme une preuve de faiblesse de notre part, eût été une source de difficultés continuelles.

L'opinion du général qui venait d'arriver en France et qui fut consulté était d'ailleurs très nette à ce sujet :

Si on se place, dit-il, au point de vue d'une restauration de Behanzin, il sera toujours facile de rétablir l'autorité de cet ex-roi, quand on le voudra.

Il acceptera toutes les conditions restrictives quelles qu'elles soient pourvu qu'on lui permette de rentrer. Le tout est de savoir s'il les respectera.

Malgré la surveillance que pourrait exercer un résident à Abomey, il est à craindre qu'il n'use facilement de représailles ou de vengeance contre les chefs qui l'ont combattu ou abandonné. Le poison se manie avec tant d'adresse dans ce pays et les exécutions capitales s'y font si sommairement que, même prévenu, le résident arrivera sans doute, peu souvent, à intervenir à temps.

A mon avis, s'il était possible de trouver, pour remplacer Behanzin à Abomey, un chef ayant quelque surface, l'ordre ne tarderait pas à être rétabli sur le plateau d'Abomey comme il l'est dans le reste du pays.

Dans ces conditions, les messagers de Behanzin furent renvoyés et on entama, sans beaucoup de conviction, de nouvelles négociations pour amener le roi à venir lui-même conférer à Allada avec le commandant en chef.

Le 18 mai, le « chettigan » revint avec une longue lettre de Behanzin qui, en termes obséquieux, protestait de sa franchise et de ses sentiments amicaux.

11 mai 1893.

Monsieur le colonel commandant supérieur[1],

J'ai l'honneur de vous saluer, ceux que je veut vous dire croyez moi après la guerre, c'est la paix ; quand on veut faire ami on parle franchement avec son amie, le Dahomey avec la France son ancienne amie et je ferais toujours amie avec la France vous serez toujours mes amie et je tiendrais mes ami et je ne laisserez pas personne la prendre ne écoutez les intrigues, lorsque je vous parle je vous parle amicalement, vous êtes un bon homme mais ne écoutez pas les intrigues, soyez attentif de ceux que je veut vous dire, excusez moi de vous dire que je ne pourrai pas venir jusqu'à Allada avant de faire la paix. Je vous ai envoyez mes messagers, je vous remercie du bon traitement que vous avez user envers eux. Je suis qu'on fait pas

---

1. Les lettres de Behanzin sont transcrites textuellement.

du mal pour messager mais j'ai confiance en vous, envoyez, s'il vous plait un de vos officiers pour faire la paix ; lorsque j'aurais l'avis de son arrivée, j'irais le rencontrer pour traiter de la paix, avec bonne volonté je signerais le contrat de la paix que nous aurons fait et lorsque j'aurais signer, c'est fini sa sera une paix perpétuel, je ne savais rien de fusilage que les Dahoméens tirent sur les blancs.

Recevez mes salutations sincères

roi de Dahomey : BEHANZIN AHIJÉRÉ.

On le voit Behanzin n'expliquait pas son refus de venir à Allada.

Évidemment, il se méfiait et avait peur qu'on profitât de sa venue pour s'emparer de sa personne ; d'ailleurs pas un mot des autres propositions.

Le chettigan ajoutait, du reste, qu'il n'avait pas osé faire part au roi, de sa déchéance et qu'une pareille communication ne pouvait se faire que par écrit.

Le lendemain 19 arrivait à son tour le nommé Kapo, porteur de deux lettres, l'une de Bocono, l'autre de Behanzin.

Ces deux lettres n'apportaient aucun élément nouveau aux négociations entamées et roulaient toujours sur le même thème sans rien spécifier relativement aux conditions exigées par le Gouvernement.

La première cependant est intéressante en raison du

style imagé qui y est employé ; elle donne une idée assez exacte de la façon dont l'ex-roi comprenait la correspondance et les arrangements diplomatiques. On y voit l'aveu du double jeu employé pour la signature du traité de 1890, le roi laissant faire ses représentants officiellement désignés et reniant ensuite leurs actes sous le prétexte qu'il avait été trompé et ignorait ce qui s'était passé.

15 mai 1893.

Monsieur le colonel commandant supérieur,

Ouidah.

Moi Bocono Bozun, Dodandji du roi.

J'ai l'honneur de vous saluer ; les paroles que vous m'avez fait dire, vous chef du roi de France, je suis vos paroles pour vous parler c'est bon qu'un ami dise la vérité à son ami plutôt que de lui raconter des mensonges, la parole que je veux vous dire, je ne veux pas vous tromper, c'est la vérité que je vous dis, envoyez un officier pour venir faire la paix, je vous promets que cette fois la paix sera sûre et perpétuelle. La première paix de 1890 qu'on avait faite, mon roi n'a pas été à Ouidah ; ils ont fait à Ouidah une fausse paix, le roi disait une chose et eux faisaient d'une autre façon, mais la paix que nous ferons cette fois-ci, nous tous ici la signerons et ce sera une paix sûre, n'écoutez pas les mauvaises langues, je veux vous donner un exemple : la personne qui a été blessée dira que sa blessure soit guérie et celui qui a blessé l'autre désire mettre des médicaments à la blessure pour qu'elle soit guérie, mais les mouches ne désirent pas que la blessure soit guérie.

Après la paix, vous verrez que tout ce que je vous dis est vrai. C'est à cause des mauvaises langues que je parle des mouches ; les mouches représentent les mauvaises langues qui ne veulent pas que la paix soit faite. Ne laissez personne voir mes lettres pour qu'on ne vienne pas contredire mes paroles ; aussi quand vous m'envoyez quelque récade, je ne laisse personne entendre. Quand vous verrez mon envoyé, tout ce qu'il vous dira vous saurez que c'est la vérité.

Recevez mes salutations,

Je suis votre ami BOCONO BOZUN,

Dodandji du roi Behanzin.

Il fallait donc ruiner à jamais l'espoir de Behanzin de rentrer en possession de sa capitale.

En conséquence et conformément aux ordres du Gouvernement, le colonel Lambinet fit appeler le chettigan et Kapo et leur remit à chacun une lettre : celle de Kapo était destinée à Bocono qu'on disait être le seul à pouvoir parler au roi.

Ils étaient chargés de signifier nettement à Behanzin les intentions de la France, soit : soumission pure et simple, résidence à choisir et pension honorable. Les envoyés emportaient en outre deux exemplaires imprimés de l'acte de déchéance de leur roi, dont la communication devenait ainsi plus facile. On leur avait d'ailleurs bien fait entendre que le Gouvernement français ne voyait d'autre moyen d'assurer la paix définitive et le bonheur du peuple dahoméen, libre désormais de choisir un autre roi, la personne de Behanzin devant être considérée comme le seul obstacle à la conclusion de la paix.

Il était évident d'ailleurs que ce Kapo envoyé par Bocono n'était qu'un second messager de Behanzin, chargé simplement, suivant les usages dahoméens, d'espionner le chettigan.

Pressé de questions, Kapo finit, en effet, par reconnaître que son intervention n'était pas indispensable et qu'il s'abstiendrait de revenir si les négociations devaient se poursuivre par écrit.

Enfin les deux messagers étaient mis en route le 30 mai, après avoir été prévenus que les chemins seraient dorénavant fermés pour les Dahoméens en deçà de nos avant-postes et que dans le cas d'une réponse de Behanzin, ils devraient l'apporter à Goho.

Voici le texte des lettres remises par le colonel :

Le colonel, commandant supérieur, à M. Bocono Bozun,
Dodandji du Dahomey.

J'ai reçu la lettre apportée par le récadaire Kapo. Je crois que Bocono est un homme qui dit toujours la vérité et c'est une bonne chose, parce que ce n'est qu'en disant la vérité qu'on arrive à une paix perpétuelle.

Moi aussi, comme vous, je désire faire la paix, mais il y a une chose qu'il faut expliquer avec sincérité.

Le général Dodds a déclaré, il y a cinq mois, que Behanzin n'était plus roi du Dahomey, c'est ce qui fait que le Gouvernement ne veut pas envoyer un officier pour traiter avec un prince qui n'est plus roi.

Que ce prince fasse le bonheur de son peuple qui a assez combattu pour lui, qu'il se soumette franchement au Gouvernement français, qu'il fasse ce que veut ce Gouvernement, il ne lui sera fait aucun mal, les Français n'ayant pour cela qu'une parole, et alors de suite la guerre cessera, chacun pourra retourner dans la maison librement.

Le Gouvernement ne veut pas que Behanzin reste dans le pays, il lui offre de choisir comme résidence entre le Gabon, le Sénégal ou Konakry; on lui donnera une pension et une maison convenables pour lui et ceux qu'il voudra emmener.

Ceci est la vérité, comme je l'ai annoncé au commencement de cette lettre.

Ci-joint un exemplaire de l'acte par lequel Behanzin a été déchu du trône.

Recevez mes salutations.

Signé : LAMBINET.

Monsieur le Chettigan, messager de Behanzin,

Je vous répète par écrit ce que je vous ai déjà dit sur les intentions du Gouvernement français.

Le général Dodds a déclaré, il y a cinq mois, que Behanzin n'était plus roi du Dahomey; c'est ce qui fait que le Gouvernement ne veut pas envoyer un officier pour traiter avec un prince qui n'est plus roi et qui a été déchu à la demande générale des peuples d'Abeokuta, du royaume de Porto-Novo, des Ouatchis et même du sud du Dahomey sur lesquels il a attiré de grands malheurs.

Il en a attiré aussi de grands sur son peuple qui a assez combattu pour lui ; qu'il se soumette donc franchement au Gouvernement français...[1].

Signé : LAMBINET.

Au moment où partaient ces deux messagers, des ordres étaient donnés au colonel Mauduit, commandant la région de Goho, pour que les réponses des envoyés lui parvinssent directement au lieu de venir à Ouidah.

Si les négociations n'eurent pas la paix comme résultat, elles amenèrent tout au moins Behanzin à tenter une nouvelle manœuvre pour nous convaincre de ses intentions pacifiques, toujours dans l'espoir qu'on le laisserait rentrer à Abomey.

A la suite de l'affaire de Houanzouko, qui démontrait une infiltration évidente de bandes dahoméennes au travers de nos lignes, il était devenu nécessaire de faire rayonner des reconnaissances aux environs de nos postes du Nord.

Or dans tout ce pays, qui la veille encore était in-

---

1. Le reste comme la lettre précédente.

festé de rôdeurs, les colonnes ne rencontrèrent aucune résistance ; le vide se faisait devant elles et les guerriers dahoméens demeurèrent invisibles.

Deux incidents vinrent, en outre, jeter un jour nouveau sur le changement de front de Behanzin.

Au cours des opérations dont il vient d'être question, un tirailleur sénégalais qui, abandonnant sa compagnie, avait voulu regagner la côte, fut ramené par un parlementaire dahoméen au commandant du poste de Goho, lequel reçut en même temps une lettre de Behanzin.

Dans cette lettre, notre ennemi, s'intitulant toujours roi du Dahomey, flétrissait la désertion, prévenait le commandant français qu'il lui renvoyait le tirailleur et l'avertissait qu'il avait donné l'ordre formel que nul ne fît de mal aux blancs. Enfin, il ajoutait, peut-être à titre de raillerie, qu'il enverrait des vivres au commandant français.

Un second épisode vint encore confirmer les intentions pacifiques de Behanzin.

Le caporal Duval, égaré à l'arrière-garde d'une reconnaissance, tomba entre les mains des Dahoméens, après une énergique défense. Ramené à Goho, il fut remis au colonel Mauduit avec son fusil et ses munitions, sans avoir subi l'ombre d'un mauvais traitement. Et, comme la première fois, Behanzin envoyait une lettre dans laquelle il tenait à faire constater que, bien que la reconnaissance ait tiré sur ses gens et brûlé des cases, ses soldats n'avaient pas répondu, obéissant en cela aux ordres qu'il avait donnés.

Behanzin avait donc encore une incontestable autorité morale sur les Dahoméens et, de l'avis du colonel Lambinet, une deuxième campagne semblait inévitable pour achever de disloquer, par les armes, les éléments qu'il tenait encore groupés autour de lui.

Le colonel Dumas remplace le colonel Lambinet. — Le colonel Lambinet, dont la santé n'avait pu résister aux atteintes du climat du Bénin, dut, à ce moment, demander à être relevé de son commandement. Le colonel Dumas fut désigné pour le remplacer. Terrassé à plusieurs reprises par des accès de fièvre pernicieux qui le laissaient sans connaissance pendant de longues heures, le colonel Lambinet ne put même pas attendre l'arrivée de son remplaçant déjà en route et dut partir, laissant l'expédition des affaires à son chef d'état-major.

Embarqué le 28 juin à Cotonou, il rencontra le 30, à Grand-Bassam, le colonel Dumas et lui remit sur rade le commandement supérieur du Bénin. A son arrivée à Cotonou, le 3 juillet, le colonel Dumas passa l'inspection de tous les services et se rendit à Ouidah le 8.

Négociations avec Behanzin. — Les négociations avec Behanzin semblaient rompues depuis les premiers jours de juin, l'ex-roi n'ayant pas répondu aux messages portés par Kapo et le chettigan.

A la suite des derniers incidents, remise gracieuse du déserteur et du caporal à nos avant-postes, le colonel Dumas chercha à renouer les négociations en vue d'amener Behanzin à une entrevue.

Celui-ci, en effet, continuait toujours à s'intituler roi du Dahomey et, dans ses lettres, ne faisait aucune allusion aux conditions qui avaient été stipulées à ses messagers.

Kapo, cependant, était revenu, affirmant avoir remis à Bocono le message dont l'avait chargé le colonel Lambinet. Bocono et le chettigan n'avaient-ils donc pas osé faire parvenir à destination les lettres du colonel, ou bien n'était-il pas plus vraisemblable de penser que Behanzin essayait encore de nous faire croire qu'il ne savait rien et que ses messagers l'avaient trompé ?

Le colonel, en cherchant à le voir, espérait couper court à toute espèce de malentendu, en lui notifiant de vive voix et sa déchéance et les conditions du Gouvernement français.

Certains pourparlers officieux, dit le colonel, ont été repris avec les Dahoméens avec d'autant plus de bonne volonté de ma part, que je désirais, pour remplir l'esprit des instructions verbales qui m'avaient été données avant mon départ de France, tenter tous les efforts compatibles avec la dignité nationale pour arriver à une solution pacifique de la question et dans tous les cas temporiser jusqu'au mois de septembre, époque favorable à des opérations militaires, si la voie des armes s'imposait.

Il ne pouvait naturellement être question d'aucune démarche officielle près du roi déchu et le colonel avait soin de spécifier que s'il profitait de son voyage à Abomey pour recevoir Behanzin au cas où celui-ci aurait quelque chose à lui dire, il ne l'attendrait pas une heure au delà du jour fixé pour son retour à la côte.

Le 16 juillet, ayant reçu l'approbation du Gouvernement, le colonel se mit en route pour Abomey où il arriva le 21.

Pendant ce voyage, Behanzin avait écrit au lieutenant-colonel Mauduit une lettre en français dans laquelle il se déclarait heureux d'apprendre la nouvelle de l'arrivée du commandant supérieur et demandait à être prévenu du jour exact où elle aurait lieu ; il signait : Roi BEHANZIN AHIJÉRÉ.

Prévenu de ce fait, le colonel Dumas lui fit donner rendez-vous, spécifiant qu'il n'attendrait pas au delà du 25 au matin, jour où il reviendrait à Ouidah.

Mis au pied du mur par ma démarche nette, dit le colonel, Behanzin recula au dernier moment devant une entrevue dont les résultats auraient pu l'engager irrémédiablement dans un sens ou dans l'autre : il m'envoya dans l'après-midi du 24 juillet, deux des personnages les plus marquants de son entourage, Mimao et le chettigan.

Je les fis recevoir par M. le lieutenant-colonel Mauduit à qui ils remirent une lettre insignifiante à mon adresse dans laquelle Behanzin me saluait et signait : Roi Behanzin Ahijéré.

Au reçu de cette lettre, je fis déclarer aux envoyés par le lieutenant-colonel Mauduit que je n'avais rien à répondre et qu'ils aient à considérer leur démarche officielle comme terminée ; Mimao et le chettigan sollicitèrent alors avec une insistance fort humble et cependant très digne, une audience officieuse de moi.

J'y accédai, fidèle au plan que je m'étais tracé de chercher à nouer, en vue de l'avenir, le plus d'intrigues secrètes qu'il me serait possible.

C'est ainsi que pendant près de deux heures, je m'entretins avec le chettigan et Mimao.

Sans y insister longtemps, d'ailleurs, ils cherchèrent à excuser la conduite de Behanzin relativement à son refus détourné de venir au rendez-vous que je lui avais donné, en alléguant que les eaux trop hautes du Zou et de ses affluents l'avaient empêché de passer, puisqu'il lui est défendu par les fétiches de monter en pirogue.

Changeant ensuite rapidement de ton, et paraissant alors tout à fait sincères, ils déclarèrent que la paix était vivement souhaitée par tous les grands, les petits ne semblant pas avoir voix au chapitre.

Ils affirmèrent que Behanzin connaissait sa déchéance et les conditions à lui imposées par le Gouvernement français ; et quand je leur demandai pourquoi Behanzin feignait dans ses correspondances de les ignorer, ils répondirent que jamais il ne pourrait se résoudre à les accepter.

Ceux qui, et ils sont nombreux dans l'entourage immédiat de Behanzin, ont connu son père, déplorent la conduite imprudente qu'il s'est obstiné à suivre à l'égard de la France ; mais pour l'honneur même du vieux Gléglé, ils ne l'abandonneront jamais.

Behanzin et ses fidèles veulent bien la paix, mais celle dans laquelle ils vivaient auparavant, c'est-à-dire en jouisseurs, exploitant, pressurant les populations sur lesquelles ils faisaient auparavant peser leur main de fer, grâce à leurs bandes de soldats de profession, fanatisés par la tradition.

Behanzin certes veut la paix sincèrement, mais à la condition que la paix le ramène à Abomey, un peu diminué, mais encore debout sur le trône de son père.

Telle est la conclusion que j'ai cru surprendre au cours de mon long entretien avec Mimao et le chettigan ; faire la paix, mais pas à tout prix et même, dirai-je, à un prix très avantageux pour des vaincus.

Les déclarations de ces émissaires sont-elles sincères ? Je ne sais trop. Les noirs ont une duplicité naturelle et parfois inconsciente, si troublante pour nos esprits européens, dont la tournure est plutôt d'être nets, catégoriques que l'on ne saurait trop mettre de réserve quand il y a lieu d'exprimer un avis sur les négociations entamées avec eux.

D'autre part, serait-il avantageux pour le but que nous poursuivons, de voir rétablie, même fortement restreinte, l'autorité de Behanzin ? A l'heure actuelle où la France a consenti à de gros sacrifices pour liquider à fond cette question, où nous sommes parvenus, à peu près à en saisir la portée, où nos agissements sont sur le point d'aboutir, où la partie est presque gagnée au point de vue moral, il semble préférable de faire encore une fois

un effort vigoureux qui nous fera recueillir mûrs, les
fruits de la récolte qui a été semée pendant la campagne
de 1892.

La nécessité d'une colonne me semble donc démontrée,
dût-elle n'être qu'une campagne de pacification.

Dans un autre rapport, le colonel ajoute :

Il me semble acquis autant qu'on puisse se baser sur les
déclarations contradictoires des noirs, que Behanzin re-
grette les résultats désastreux pour sa puissance même,
de l'expédition qu'il nous a mis dans l'obligation de diriger contre lui l'année dernière et qu'il désirerait vivement voir intervenir des arrangements qui le ramèneraient
à peu près au *statu quo ante bellum*; s'appuyant sur une
condescendance quasi séculaire des blancs établis au Dahomey, connaissant en particulier le caractère chevaleres-
que des Français, il paraît être persuadé qu'avec de bons
procédés, il réussira à obtenir de nous sa réintégration dans
sa résidence d'Abomey. Dans le même ordre d'idées, il y
a lieu de penser qu'il cherche à gagner du temps et à faire
traîner les choses en longueur afin de faire croire à ceux
qui, de plus ou moins meilleur gré, se plient encore à son
pouvoir, qu'il nous oblige à l'heure actuelle à compter
avec lui.

Comme le colonel l'avait déclaré, il quitta Goho le
25 au matin, mais il eut soin, avant de partir, de
prescrire au lieutenant-colonel Mauduit de faire donner de l'air aux garnisons du Nord, et il le pria de ne
plus accepter de lettre à l'adresse du commandant su-

périeur, à moins que le messager n'annonçât l'approche de Behanzin lui-même.

Organisation intérieure. — Ces pourparlers entre le colonel Dumas et l'entourage de l'ex-roi du Dahomey n'empêchaient pas le commandant supérieur de s'occuper activement de l'organisation du pays, dont la pacification avançait à grands pas.

L'arrêté du 22 décembre 1892 fut modifié.

Le secrétaire général, voyant ses attributions étendues, concentrait entre ses mains la haute administration et le service financier de la colonie et devenait l'intermédiaire hiérarchique obligé entre le commandant supérieur et les chefs de services locaux, en même temps qu'un cabinet était créé auprès du commandant supérieur pour l'enregistrement des dépêches et le chiffre.

Le territoire longeant la côte (Grand-Popo, pays annexé et Porto-Novo) était en effet complètement pacifié et il devenait logique de confier ce territoire à l'administration civile.

Par contre, les régions du Nord restaient, jusqu'à ce que la pacification en fût définitive, aux mains des autorités militaires, et le colonel chercha à élargir le champ d'action politique des commandants de région.

Bien que, dit-il, paraissant tout à fait disposées à accepter notre intervention protectrice, les populations du Dahomey central ne sont pas sans être agitées fréquemment par des querelles intestines, différends sans retentissement si nous parvenons à les arrêter rapidement.

Les conflits signalés plus haut entre les villages ou cantons sont, pour la plupart, le résultat de la réaction dirigée contre les gens de race dahoméenne et leurs alliés, par ceux qui, autrefois inquiétés, molestés, pillés, cherchent aujourd'hui, sinon à prendre leur revanche, du moins à satisfaire leurs rancunes et à se venger.

Notre politique intérieure doit donc s'efforcer de réaliser l'union des gens de travail et de paix, et, par une surveillance attentive, empêcher les éléments perturbateurs de jeter le trouble dans le pays.

Les palabres généraux, les missions topographiques, les reconnaissances constantes sont autant de moyens de publicité.

Au nord de nos postes, la situation était moins claire.

Pensant que l'intérêt particulier est un mobile de conduite dont il est bon de tenir compte, j'ai fait, écrit le commandant supérieur, commencer une sorte de propagande active parmi les gens des villages sédentaires qui couvrent le plateau en avant de notre ligne de postes. Pour cette propagande sont employés des émissaires secrets, et les Dahoméens ralliés dont les parents ou amis sont encore dans la zone d'action de Behanzin.

Mais ces intrigues ne peuvent avoir chance d'aboutir avec les guerriers de profession qui semblent encore en nombre notable.

Ces guerriers ne se tiennent pas dans les villages ; ils

forment des postes plus ou moins considérables en dehors des localités dont les habitants leur apportent la nourriture.

Le prestige de l'ex-roi et son autorité semblent être restés entiers au milieu de ces bandes régulières de soldats de profession.

Cependant, tous les pays enveloppant le Dahomey venaient à nous.

Il y a peu de temps encore, l'autorité morale des rois dahoméens était incontestée parmi leurs voisins immédiats du Nord, populations Mahis, ceux de l'Ouest, les Ouatchis et les Adjaa, ceux de l'Est, les gens de Kotou et du Décamé.

Mais peu à peu, comme conséquence de la défaite complète de Behanzin, tous ceux qui avaient courbé la tête pendant si longtemps ont une tendance, que je pressens sérieuse, à la relever. Depuis plusieurs mois déjà, des intrigues secrètes avaient été ébauchées, et tous les fils en ont été suivis avec attention et persévérance.

Les résultats moraux semblent considérables, mais les événements se sont précipités avec une rapidité si grande que l'évolution désirée, très lente chez les noirs, n'a pu se faire assez complètement pour qu'on puisse espérer passer à brève échéance des promesses ou des paroles aux actes.

L'Adjaa Pohenzon, le chef de la région du Togo qui réside à Toune, est en relation constante avec moi ; Baguidi, chef important des Mahis à Savalou, m'a demandé un drapeau tricolore pour l'arborer le jour où il serait débarrassé de la préoccupation que lui cause toujours l'éventualité d'une fuite de Behanzin vers le Nord ; pour le moment, il lui est impossible de prononcer aucun mouvement.

Agouy paraît être à peu près évacué par les soldats de Behanzin ; les gens de ce canton, relativement riches, ont fait des démarches pour se mettre en relation avec nous ; mais ils ne se déclareront franchement pour nous que quand ils seront assurés que Behanzin ne pourrait, le cas échéant, se venger de leur détermination.

Les villages dahoméens à l'est de la Lama se sont ralliés franchement ; vers l'Ouest, les populations se groupent aux environs des postes douaniers établis récemment le long de la frontière allemande ; vers l'Est enfin, les chefs du Décamé-Nord ont fait des démarches près de nous pour spécifier qu'ils se mettront volontiers sous la protection de la France.

Ainsi donc, si Behanzin jouit encore d'une très réelle autorité dans la région qu'il occupe de fait, et si cette autorité est vraiment une quantité avec laquelle il est sage de compter, il semble résulter des patientes négociations entamées et des intrigues nouées avec tous les chefs et les populations environnantes, que la puissance de l'ex-roi du Dahomey est en quelque sorte *cernée*.

Préparation de la campagne. — Le colonel Dumas s'occupa également de préparer la campagne que tout faisait présager comme prochaine ; mais il le fit en se tenant dans la limite étroite de mesures ne pouvant, en aucun cas, engager la conduite ultérieure des opérations dont la direction devait être prise par le général Dodds.

Tous ses efforts tendirent à présenter une colonne munie de moyens de transport lui donnant une mobilité suffisante et pourvue de magasins de vivres organisés dans le haut pays.

Dogba fut choisi comme poste-magasin sous la protection du fort Famay.

De larges espaces ayant été réservés à chacun des services, la construction et les abris nécessaires, furent commencés le 25 juillet, et les chantiers, dès les premiers jours, furent reliés au point d'embarquement par un « Decauville ».

L'approvisionnement du poste-magasin était établi sur les bases suivantes :

50 jours de vivres pour : 800 rationnaires européens, 1,200 rationnaires tirailleurs ou traités comme tels, 200 rationnaires indigènes ou traités comme tels, et 400 mulets ; 300 coups par pièce et par fusil.

Une annexe au magasin fut en outre choisie sur la ligne même de nos postes à Cotopa, de façon que les troupes pussent déboucher par où le général Dodds le jugerait convenable.

Après une étude approfondie du terrain, on avait trouvé une voie plus favorable aux transports que celle par la Lama et Allada, et passant par Kpome.

Kpome, poste nouvellement installé sur le lac Tjibe, fut relié d'une part à Cotopa par une route de 30 kilomètres et d'autre part à Dogba par l'Aouïme dont le cours, débarrassé en partie, à la suite d'un travail opiniâtre, des troncs d'arbres qui l'obstruaient, devint navigable aux pirogues en tout temps.

L'approvisionnement dans ces deux derniers points devait être de 20 jours.

L'historique suivant[1] relatant l'installation du poste de Kpome, fera saisir sur le vif toutes les fatigues qu'eurent à surmonter nos troupes, même pendant cette période relativement calme :

La 1re compagnie des régiments étrangers est à Kpome depuis le 20 juin ; ce poste a été créé par elle avec ses propres ressources.

Partie d'Abomey-Calavi le 10 juin au matin, se rendant à Kpome, nouveau point du Dahomey à occuper, la compagnie a eu à faire 6 étapes extraordinairement pénibles pour atteindre Dogba.

De ce poste, deux jours de navigation en pirogues ont encore été nécessaires pour arriver dans la lagune d'Aoua, en vue du coteau sur le flanc duquel elle a campé. Débarquée sur les bords de cette lagune, rive droite, la compagnie a dû se créer un chemin de montée, le coupe-coupe à la main, à travers la brousse et les hautes herbes, sur un sol vierge, un pays neuf, inhabité jusqu'à ce jour par les Européens, pour atteindre le point à choisir de l'installation du camp. Dès le 21, le choix du terrain était déterminé, les hommes ont été occupés 7 heures par jour au défrichement, à creuser des fossés, à ouvrir des chemins,

---

1. Rapport du médecin-major de 2e classe Achard, chef de service du bataillon des régiments étrangers détaché au Dahomey.

à construire four, cuisines, magasins, infirmerie, atelier, puits, logements pour 100 hommes, 3 officiers, 10 sous-officiers et cela, avec les seules ressources du sol.

Pendant les 3 semaines qu'ont duré ces travaux très pénibles de première installation, la pluie n'a cessé de tomber et n'a pas peu contribué à augmenter la morbidité générale dans les conditions particulièrement défavorables où les hommes étaient condamnés à la subir. Tout d'abord campés sous la tente, ils ont ensuite été placés sous de petits hangars construits à la hâte et qui les abritaient très mal, sans châlits, sans paillasses et dans une boue épouvantable. Cela a duré jusqu'au 3 juillet, où on a pu loger enfin une section dans la première baraque édifiée pour la troupe, car avant de songer à soi-même il avait fallu garantir d'urgence les vivres de l'administration, tels que : riz, sel, café, sucre, etc., qui menaçaient de s'avarier complètement sous cette pluie constante, ayant déjà eu beaucoup à souffrir pendant la marche.

Le 6 juillet, une autre section prenait place dans une nouvelle case ; le 8, les officiers s'installaient dans la leur et le 9 chacun se trouvait à l'abri, logé dans des baraques actuellement occupées et relativement confortables.

Il est bon d'ajouter, pour mémoire, que le régime alimentaire imposé par la force des choses était maigre et peu substantiel pour des hommes auxquels on demandait alors un travail très fatigant et continu.

Pas de vivres d'ordinaire, rien autre chose que les vivres d'administration.

II⁰ PARTIE

LA DEUXIÈME EXPÉDITION DU GÉNÉRAL DODDS

Le général Dodds retourne au Bénin.

Le moment approchait où l'on pourrait commencer la nouvelle campagne et le Gouvernement dut donner au général Dodds l'ordre de reprendre le commandement supérieur du Bénin.

Nous avons, du **reste**, la persuasion, lui écrivit le ministre, que le prestige qui s'attache à votre nom, vous facilitera, dans une large mesure, l'accomplissement de la tâche difficile que vous avez si heureusement conduite jusqu'à ce jour et pour l'achèvement de laquelle le Gouvernement s'est décidé à avoir encore une fois recours à votre dévouement.

En même temps, la dépêche suivante était adressée au colonel Dumas :

1er août.

Comme suite à la décision prise en avril par le Conseil des ministres, le général Dodds retournera au Bénin par le paquebot du 10 août pour reprendre les fonctions dont il est titulaire.

En outre, le ministre informait le commandant supérieur par intérim de l'envoi d'un renfort important en personnel et matériel.

Avant de partir, en effet, le général avait pu conférer à Paris avec le colonel Lambinet et se rendre compte des nécessités de la situation [1].

Un grand nombre d'hommes fatigués ou malades avaient été rapatriés afin de donner plus de mobilité aux troupes qui devaient marcher, mais il importait de rendre aux unités un effectif suffisant.

En conséquence, le vapeur *España* [2] fut immédiatement affrété par les soins du ministère des colonies pour transporter, concurremment avec le paquebot du 10 août, le *Liban*, le personnel et le matériel envoyés :

Capitaine d'infanterie de marine Valette, breveté d'état-major ;

200 légionnaires ;

8 télégraphistes (guerre) ;

Nombreux personnel d'officiers et de sous-officiers d'infanterie et d'artillerie de marine [3] ;

41 canonniers, dont 12 conducteurs ;

100 muletiers algériens [4] ;

---

1. L'ordre fut envoyé au colonel Dumas de compléter à 4 mois de vivres l'approvisionnement des postes du Nord.

2. Parti le 23 juillet.

3. Les compagnies d'infanterie de marine avaient eu leurs effectifs régulièrement relevés.

4. Ces militaires furent recrutés en Algérie pour la durée de la campagne.

200 mulets ;

1 ambulance n° 3 ;

Vêtements coloniaux ;

Effets de campement ;

4 filtres avec bâts ;

300 obus à la mélinite ;

200,000 cartouches.

Le général partit le 10 août sur le *Liban* avec son chef d'état-major, le commandant Taverna, et son officier d'ordonnance, le capitaine Vuillemot.

Le 31 août, il débarquait et en prenant le commandement adressait aux troupes l'ordre suivant :

ORDRE GÉNÉRAL N° 205

En reprenant, à la date de ce jour, le commandement des Établissements français du Bénin, j'adresse mes remerciements au colonel Dumas, pour l'impulsion qu'il a imprimée au service pendant mon absence.

L'achèvement de l'œuvre commencée en 1892 va demander sans doute de nouveaux efforts, je sais que je puis compter sur ceux de tous les officiers et fonctionnaires des services militaires et civils.

Cotonou, le 30 août 1893.

Le Général, commandant supérieur,

Signé : DODDS.

ORDRE GÉNÉRAL N° 247

PRISE DE COMMANDEMENT

Le général reprend, à la date de ce jour, l'exercice direct des pouvoirs civils et militaires délégués pendant son absence au commandant du territoire de l'intérieur.

Le commandement du territoire de l'intérieur est supprimé.

Le lieutenant-colonel Boistel reprend le commandement de la région de Ouidah.

La région d'Allada est supprimée et définitivement rattachée à la région de Ouidah.

Au quartier général, à Ouidah, le 5 février 1894.

Le Général de brigade, commandant supérieur,

Signé : DODDS.

Le colonel Dumas prit le commandement de la région de Porto-Novo. Malheureusement, à cette époque, deux causes vinrent retarder et la préparation de la campagne et le commencement des opérations.

Le choléra, qui sévissait au Sénégal, vint en effet supprimer le recrutement des conducteurs indigènes qu'on tirait de ce pays et fit différer, en raison des mesures d'isolement à prendre, l'envoi des contingents (tirailleurs et infanterie de marine) qu'on attendait de Saint-Louis[1].

La seconde cause fut une crue exceptionnelle des eaux de la région de l'Ouémé. Les trois quarts du pays étaient couverts d'une nappe liquide qui, notamment sur la route suivie le long du fleuve par la colonne de 1892, atteignait plusieurs mètres de hauteur.

Cette crue eut encore une conséquence inattendue : la bouche de Cotonou, fermée depuis longtemps, s'ouvrit brusquement sous la pression du courant et les eaux, en se précipitant par cette nouvelle issue, firent écrouler les berges et entraînèrent plusieurs cases.

Reprise des négociations avec Behanzin. — Le général voulut tenter un dernier effort pour arriver à une solution pacifique.

Le 17 septembre, il adressait un message aux princes, ministres et cabecères du Dahomey, en vue d'obtenir leur soumission et leur rentrée dans le pays.

Le général promettait à tous ceux qui abandonneraient la cause de Behanzin de les bien accueillir, mais ils étaient prévenus que si leur soumission n'était pas faite le 29 septembre, les hostilités seraient aussitôt reprises.

Jusqu'au bout Behanzin devait agir avec mauvaise

1. 130 hommes d'infanterie de marine stationnés au Sénégal subirent une période d'isolement avant d'être dirigés sur le Bénin.

foi. En effet, le porteur du message expédié de Kotonou, parti le 17, ne pouvait normalement arriver à Atchérigui que le 22 septembre au soir, au plus tôt; or, le 2 octobre, arrivait à Ouidah, par retour du même messager, une lettre de Behanzin datée du 21.

Cette lettre ne faisait aucune allusion au message du général et Behanzin l'avait évidemment antidatée afin d'éviter de répondre à l'ultimatum envoyé.

Le roi déchu, dit le général, exprime de nouveau son grand désir de faire la paix, mais paraît ne pas vouloir se résoudre aux conditions de déchéance et d'exil qui lui ont été précédemment notifiées.

Il veut espérer, dit-il, que le vainqueur saura se montrer généreux, en lui accordant une paix honorable pour lui-même et pour son peuple.

Il annonce en outre qu'il a envoyé en France un ambassadeur pour plaider sa cause dans ce sens près du Gouvernement[1].

Dans une autre lettre adressée à Candido Rodriguez

---

1. L'ambassade dahoméenne, composée du chettingan et de Ayenkuken, chefs, Tossah, porteur du bâton, messager confidentiel, Henry-A. Dosoo, secrétaire du roi, et accompagnée de Jackson, rédacteur du *Lagosweekly record*, qui lui servait d'interprète, quitta Lagos au commencement d'octobre par le vapeur *Lagos*, de la Compagnie africaine, et débarqua à Liverpool le 4 novembre 1893.

Elle arriva à Paris le 10 novembre et descendit à l'hôtel Terminus.

Le Gouvernement, ayant chargé le général Dodds de le représenter au Bénin, ne voulut pas agir en dehors de lui et refusa que j'utilise en ce moment comme agent secret, Behanzin déclare qu'il accepterait volontiers de faire la paix sur les bases des pourparlers de Cana.

Il a été répondu à Behanzin, le 3 octobre, que la France victorieuse a le droit d'exiger de lui un acte de soumission pure et simple ; qu'il se soumette d'abord sur les bases fixées et le Gouvernement français pourra examiner ensuite s'il y a lieu de se montrer plus généreux encore à son égard.

Le général, du reste, n'abandonnait pas l'idée de trouver un successeur à Behanzin et il se faisait rendre compte avec le plus grand soin de l'état des esprits chez les princes de l'entourage de l'ex-roi.

Pour en finir et personne n'ayant répondu à son message du 17 septembre, le général adressa le 3 octobre une dernière lettre aux princes, ministres et cabecères, les informant que puisqu'ils n'avaient pas répondu à l'ultimatum qui leur avait été adressé, la colonne française se mettait en mouvement.

----

d'avoir aucun rapport avec l'ambassadeur d'un roi officiellement déchu de son trône.

En conséquence, les ambassadeurs quittèrent Paris, le 16 novembre, après avoir adressé au Président de la République la lettre suivante :

A Son Excellence M. le Président Carnot.

« Nous sommes envoyés par le roi Behanzin à la France pour voir le président Carnot et ses ministres afin de conclure la paix et pour raconter tous les malentendus suscités par le roi Toffa entre la France et le Dahomey. Cette affaire a été deux fois ré-

Behanzin d'ailleurs se faisait peu d'illusions sur l'efficacité de la résistance qu'il pouvait opposer à nos troupes et, dans les derniers temps, sentant déjà l'hostilité sourde des populations qui l'entouraient, il

solue à la côte, mais sans bon résultat : ceci a été cause que le roi Behanzin a envoyé son propre bâton avec ses ambassadeurs au Gouvernement français, et il paraît maintenant que le Gouvernement refuse de nous recevoir et d'entendre de nous le message que nous apportons du roi Behanzin.

« N'ayant pas obtenu d'être reçus et ne pouvant rester plus longtemps sous le climat de France, il ne nous reste plus qu'à rentrer chez nous. Nous n'avons pas eu le bonheur de contribuer à amener la paix : que Dieu la fasse !

> Chef CHETTINGAN,
> Chef AYENKUKEN,
> Messager confidentiel TOSSAH,
> Henry-A. Dosoo, secrétaire et interprète.

« *P.-S.* — Nous partons ce soir, car nous ne pouvons supporter le froid. Veuillez nous envoyer une bonne réponse soit à Liverpool, soit à Grand-Canary, en nous accordant un sauf-conduit pour débarquer à Whydah et nous permettre de rejoindre notre roi. »

Embarqués à Dieppe pour New-Haven, ils prenaient de nouveau la mer à Liverpool, sur le *Bonny*, le 18 novembre, pour retourner au Bénin.

Aussitôt arrivés à Lagos, les ambassadeurs demandèrent au général Dodds l'autorisation de rejoindre Behanzin. Mais le général, pensant que leur intention était de favoriser la fuite de l'ex-roi, leur refusa l'autorisation de rentrer sur le territoire dahoméen.

Il est à supposer que l'échec de cette ambassade, ainsi que l'élection d'un nouveau roi, agirent puissamment sur l'esprit de Behanzin pour l'amener à faire sa soumission.

songeait à se retirer à Lagos où il avait fait acheter une maison.

Projets du général. — Le moment semblait bien choisi pour marcher sur Agony et l'on pouvait espérer occuper par surprise ou du moins sans résistance opiniâtre cette région importante. Les chefs dahoméens, qui tenaient le pays, venaient, en effet, d'être appelés à Atchérigui et les populations, aussitôt leur départ, nous demandaient de prendre possession de leur territoire.

Tout était prêt pour l'expédition : les diverses mesures étaient prises et le corps expéditionnaire, dégagé de toutes les bouches inutiles et des gens trop fatigués pour continuer leur séjour, comptait encore, grâce aux renforts envoyés, un effectif de 3,000 hommes que le général jugeait suffisant pour exécuter ses projets.

La préparation des opérations à entreprendre dans le Haut-Décamé et le pays des Mahis est actuellement terminée. Ces opérations seront effectuées par une colonne composée de 12 compagnies réparties en 4 groupes identiques comprenant chacun une compagnie européenne et 2 indigènes, 2 canons et 1 ambulance.

Chaque groupe est commandé par 1 chef de bataillon : 1er, Drude (infanterie de marine), 2e, Boutin (infanterie de marine); 3e, de Cauvigny (infanterie de marine); 4e, Chmitelin (guerre).

En outre, les groupes 1 et 2 sont sous les ordres du colonel Dumas ; 3 et 4, sous ceux du lieutenant-colonel Mauduit (légion étrangère).

Le 1er groupe, réuni à Dogba depuis les derniers jours de septembre, vient d'opérer sans difficultés autres que celles du terrain, une série de reconnaissances au nord de la ligne Dogba-Sakété jusque vers Ketou. Il va être enlevé par canonnières et transporté par eau à hauteur d'Agony qu'il occupera. Je compte diriger moi-même cette opération, elle aura lieu incessamment.

Le 2e groupe, concentré à Cotopa, se porte sur le Zou qu'il franchira au nord d'Allahé pour se réunir au 1er à Agony.

Le 4e groupe part d'Abomey et occupera Oumbezan sur la route directe d'Atchérigui.

Le 3e groupe reste momentanément à Cotopa. Il suivra le mouvement du 2e.

Je compte ainsi réunir 3 groupes et peut-être, suivant les circonstances, la colonne entière dans le triangle entre Zou et Ouémé pour marcher vers le Nord.

Mais les pluies ont été cette année extrêmement violentes et elles n'ont pas encore cessé ; la crue a une importance extraordinaire ; les fleuves et rivières ont un niveau très élevé, les marécages sont très étendus.

De grandes difficultés sont à prévoir pour la marche ; les mouvements seront pénibles jusqu'à ce qu'on ait atteint la zone des terrains accidentés qui est au nord d'Agony.

Le transport des approvisionnements surtout sera difficile.

Déjà pendant la concentration qui vient de s'effectuer, un certain nombre de voitures des trains ont eu des avaries (nombreuses ruptures de traits et de brancards).

Des approvisionnements de vivres sont constitués à Dogba principalement et seront transportés dans le Nord, par canonnières, dès l'occupation d'Agony [1].

Pendant les mouvements vers le Nord de la colonne principale, une petite colonne de 2 compagnies nettoiera, au nord de Grand-Popo, le pays entre Mono et Coulso où nos troupes n'ont pas paru depuis le mouvement du commandant Audéoud, en septembre 1892. On y signale entre Tandji [2] et Toune des partisans de Behanzin peu nombreux mais dominant les populations timides qui n'osent leur résister. Cette colonne partira de Grand-Popo et ira jusqu'à Toune pour agir sur les Adjaas et leur chef Pohenzon.

Enfin la garnison restant à Porto-Novo, 1 compagnie blanche et 1 compagnie haoussas composée en grande partie de recrues, a déjà opéré et continuera à effectuer au nord de cette ville dans tout le Décamé et jusqu'à Sakété un ensemble de reconnaissances qui, tout en maintenant le pays dans sa tranquillité actuelle, fermeront à Behanzin la route de Lagos par l'est de nos possessions.

La côte et les principaux points de l'intérieur, Cotonou, Ouidah, Allada, Dogba, enfin les postes du Nord, Goho, Cana, Cotopa, Kpome, restent occupés par les hommes inaptes à supporter les fatigues de la campagne, formés en sections d'étapes ou de forteresse.

Aouangitome a été envahi par l'eau et est évacué depuis quelque temps.

---

1. Un remorqueur, le *Zintgraff*, venu de Cameroun, fut acheté à Porto-Novo, et le vapeur *Olinda* fut affrété.

2. Deux villages du nom de Tandji existent au Dahomey, l'un situé à l'ouest de la Lama, l'autre à l'est d'Abomey.

La garde civile occupe quelques points politiquement importants dont l'abandon complet eût été regrettable (Abomey-Calavi, Ouagbo-Tori).

Elle a constitué en outre sur le chemin Ouidah-Ouagbo-Kpome une série de petits postes échelonnés pour assurer une communication rapide de ce côté avec la côte.

Dès que le mouvement général en avant sera dessiné, je prendrai le commandement direct de la colonne principale.

Le lieutenant-colonel Boistel assurera le commandement des régions de la côte (territoires protégés et annexés). Le commandant supérieur lui délègue ses pouvoirs civils et militaires pour l'expédition des affaires courantes ou urgentes [1].

---

1. Les deux compagnies franches, créées en avril pour rayonner autour d'Abomey et dans le sud de la Lama, avaient été dissoutes n'ayant plus de raison d'être.

ORDRE GÉNÉRAL N° 208

« En raison des opérations militaires projetées, les compagnies franches, créées par l'ordre n° 158 du 17 avril dernier, sont dissoutes.

« Les officiers, sous-officiers, caporaux et soldats, rejoindront l'unité à laquelle ils appartiennent. Ils seront dirigés le plus tôt possible sur cette unité par les soins du commandant de la région dans laquelle se trouve actuellement chacune des compagnies franches.

Porto-Novo, le 31 août 1893.

Le Général de brigade, commandant supérieur,

Signé : DODDS.

COLONNE PRINCIPALE

Le général.

Capitaine VUILLEMOT, officier d'ordonnance, remplacé le 10 octobre par le lieutenant GARINEAU.

ÉTAT-MAJOR. — *Chef* : Commandant TAVERNA.

Capitaines PRIVÉ, VALETTE, PENTEL, FONSSAGRIVES.

SERVICE DES PLACES. — Lieutenant-colonel REMY (la zone des étapes s'étendra depuis la tête d'étapes jusqu'à une ligne passant par Athiémé, Lacona, Kodji, Ekpe, Abotagon, Tjibe et Dogbo).

Capitaine BURCKHARDT.

COMMISSAIRE DE LA COLONNE. — Sous-commissaire NESTY.

1ᵉʳ DOUBLE GROUPE

Colonel DUMAS.

Capitaine Blondlat, adjoint.

Commandant l'artillerie : Capitaine Bourgoin.
Médecin convoyeur : Daujon.

1ᵉʳ GROUPE

Commandant le groupe : Commandant DRUDE.

Adjudant-major : Capitaine Comte.

Compagnie blanche.   1ᵉʳ bataillon étranger [1], capitaine Vernier (118 hommes).
Compagnie noire. .   12ᵉ tirailleurs sénégalais, capitaine Lemoine (121 hommes).

---

1. Le bataillon de légion étrangère a été réduit à deux compagnies dès le mois de janvier 1893.

2ᵉ compagnie noire.	4ᵉ tirailleurs haoussas, capitaine Ligier (121 hommes).
Artillerie.	8ᵉ batterie *bis*, 1ʳᵉ section, lieutenant Lagabbe (37 hommes, 25 mulets).
Ambulance	Médecin de 2ᵉ classe Salaün (3 hommes).
Trains d'unités . .	29 hommes, 42 mulets, 17 voitures Lefèvre.

2ᵉ GROUPE

Commandant le groupe : Commandant BOUTIN.

Adjudant-major : Lieutenant Aubé.

Compagnie blanche.	2ᵉ bataillon étranger, capitaine Brundseaux (118 hommes).
Compagnie noire. .	9ᵉ tirailleurs sénégalais, capitaine de Curzon (103 hommes).
2ᵉ compagnie noire.	11ᵉ tirailleurs sénégalais, capitaine Ditte (118 hommes).
Artillerie.	8ᵉ batterie *bis*, 2ᵉ section, lieutenant Viollant (36 hommes, 25 mulets).
Ambulance	Médecin de 2ᵉ classe Achard (3 hommes).
Trains d'unités . .	29 hommes, 42 mulets, 17 voitures Lefèvre.

2ᵉ DOUBLE GROUPE

Lieutenant-colonel MAUDUIT.

Lieutenant Guérin, adjoint.

Commandant l'artillerie : Capitaine Pitault.
Médecin convoyeur : Friant.

3ᵉ GROUPE

Commandant le groupe : Commandant DE CAUVIGNY.

Adjudant-major : Lieutenant Gramat.

Compagnie blanche.	3ᵉ compagnie du bataillon d'infanterie de marine du Sénégal, capitaine Lemoël (115 hommes).

Compagnie noire. .   4ᵉ tirailleurs sénégalais, capitaine Mynoeno (90 hommes).

2ᵉ compagnie noire.   1ᵉʳ tirailleurs haoussas, capitaine Dessort (104 hommes).

Artillerie. . . . .   8ᵉ batterie *bis*, 3ᵉ section, sous-lieutenant Lotte (37 hommes, 25 mulets).

Ambulance . . . .   Médecin de 2ᵉ classe Duguet (3 hommes).

Trains d'unités . .   29 hommes, 44 mulets, 20 voitures Lefèvre.

4ᵉ GROUPE

Commandant le groupe : Commandant CHMITELIN.

Adjudant-major : Lieutenant Bulot.

Compagnie blanche.   3ᵉ compagnie du bataillon d'Afrique[1], capitaine Lamole (83 hommes).

Compagnie noire. .   10ᵉ tirailleurs sénégalais, capitaine Tailhade (81 hommes).

2ᵉ compagnie noire.   3ᵉ tirailleurs haoussas, capitaine Bouché (63 hommes).

Artillerie. . . . .   8ᵉ batterie *bis*, 4ᵉ section, sous-lieutenant Gélin (36 hommes, 25 mulets).

Ambulance . . . .   Médecin de 2ᵉ classe Saint - Macary (3 hommes).

Trains d'unités . .   27 hommes, 41 mulets, 18 voitures Lefèvre.

ÉLÉMENTS HORS GROUPES

Section du génie : Capitaine Le Divellec.
Service télégraphique : Lieutenant Lacabe.
Section de mulets de bât : Lieutenant Franceries.
Ambulance d'évacuation : Médecin Henry.

---

1. Le bataillon d'Afrique a été successivement réduit à trois compagnies en avril et à deux compagnies en septembre 1893.

COLONNES SECONDAIRES

5ᵉ GROUPE

Commandant ROUVILLAIN-SAGUEZ.

Adjoint : Lieutenant de Boissieu.

Médecin : Docteur Bellot.

Compagnie d'infanterie de marine du 3ᵉ régiment : capitaine Titeux (40 hommes).

1ʳᵉ compagnie de tirailleurs sénégalais : lieutenant Caillau (94 hommes).

6ᵉ GROUPE

Commandant CLÉMENT.

Compagnie d'infanterie de marine du 4ᵉ régiment : capitaine Godeau (59 hommes).

Tirailleurs haoussas : capitaine Herold (71 hommes).

TROUPES DESTINÉES A OCCUPER LE TERRAIN GAGNÉ SUR L'ENNEMI DE FAÇON A COUVRIR LES DERRIÈRES

2ᵉ compagnie du bataillon d'Afrique : capitaine Passard (47 hommes).

1ʳᵉ compagnie du bataillon d'infanterie de marine du Sénégal : capitaine Noël (41 hommes).

Troupes d'étapes. — Les éléments insuffisamment aptes à faire campagne, bien que n'étant pas rapatriables pour cause de santé, étaient groupés en compagnies de marche, destinées à former les garnisons des postes des territoires déjà occupés.

Ces compagnies étaient formées de sections d'étapes fournies chacune par les compagnies actives, savoir :

Compagnie de marche du bataillon étranger, à Dogba (sections d'étapes des 1er et 2e bataillons étrangers et de la 1re haoussas, 47 hommes) ;

Compagnie de marche du bataillon d'Afrique, à Goho (sections d'étapes des 2e, 3e et 4e bataillons d'Afrique, des 9e, 10e et 11e tirailleurs sénégalais, et de la 3e haoussas, 59 hommes) ;

1re compagnie de marche d'infanterie de marine, à Ouidah (sections d'étapes de la compagnie du 3e régiment, et des 1er, 4e et 12e tirailleurs sénégalais) ; n'a jamais été formée ;

2e compagnie de marche d'infanterie de marine, à Porto-Novo (sections d'étapes de la compagnie du 4e régiment, des 1er et 3e tirailleurs sénégalais, et des 2e et 4e tirailleurs haoussas, 2 officiers et 49 hommes). Étaient évacués les postes de Tori, Ouagbo, Abomey-Calavi, Godomey, Anangitome.

Troupes de forteresse. — Les hommes incapables de marcher en colonne ou aux étapes, mais dont le rapatriement ne s'impose pas, sont formés en sections de forteresse destinées à garder les postes conservés de Allada, Kpome, Cotopa, Cana, Goho, Dogba.

Commencement des opérations. Occupation de Zaganado. — Le 7 octobre, le mouvement commence.

Le *4ᵉ groupe* quitte Goho à 7 heures du matin et s'établit à midi à Oumbégau, sur un plateau situé au sud-est du village.

Il y séjournera jusqu'à nouvel ordre et enverra des reconnaissances au Nord, sur la route d'Atchérigui ; à l'Ouest, vers Djidja, et à l'Est.

Le 9, le *2ᵉ groupe* quitte Cotopa à 6ʰ30 du matin, traverse le Samio et arrive à Allahé à 7 heures du soir.

Le passage de la rivière est particulièrement difficile pour le convoi, par suite de la hauteur de l'eau.

Le groupe se porte à Abodougniauli où des travaux sont exécutés pour le passage de la Lité.

Le 13, l'artillerie commence le passage, la légion et un peloton de la 9ᵉ compagnie de tirailleurs fournissent quatre chantiers de travailleurs. La Lité est franchie à gué ; pour le Zou proprement dit, les voitures démontées le traversent en pirogues, les mulets à la nage, les charges sont enlevées par des porteurs.

Un magasin de vivres est installé sur la rive gauche du Zou.

L'émissaire Boco-na annonce que les populations de la région d'Agony, sous l'influence des féticheurs de Gba et fatiguées d'être exploitées par Behanzin, n'attendent que l'arrivée des Français pour chasser les Dahoméens et fourniront toutes les pirogues.

Le *1er groupe* (Drude) et le quartier général seront, dès lors, transportés par eau vers Agony.

Le 14, le *1er groupe* prend place à bord de la flottille et le soir l'*Opale* et la *Topaze* s'arrêtent à Sagon où les hommes bivouaquent sur la rive pendant que l'*Olinda*, l'*Émeraude* et le *Marmet* mouillent à hauteur d'Adégon ; les hommes restent à bord, tout le pays étant inondé.

Le lendemain [1] le deuxième échelon rejoint le premier et, le 16, toute la flottille arrive à hauteur de Ouémeton où l'on aperçoit un drapeau tricolore, c'est le point choisi par Boco-na pour le débarquement ; les chefs ont fait tracer un sentier.

La flottille quitte alors le lit de l'Ouémé pour avancer dans une lagune jusqu'à 300 mètres de la terre

---

1. Le 15, Behanzin envoie une lettre au général lui demandant d'attendre pour agir que l'on connaisse le résultat obtenu par l'ambassade qu'il a envoyée en France.

Les ministres demandent en même temps que les Français s'entendent avec le roi pour la conclusion de la paix.

Le général répond le 16 qu'il n'a rien à ajouter à ses lettres précédentes, et que les ambassadeurs ne sont pas encore arrivés en France où ils ne feront d'ailleurs rien d'utile, lui-même ayant été envoyé en Afrique pour régler les affaires du pays.

ferme. On débarque en pirogues et à 5 heures le général et le 1ᵉʳ groupe, moins son artillerie, bivouaquent à Ouémeton à 1,500 mètres de l'Ouémé sur une légère élévation, entre deux marais.

Pendant l'installation au bivouac du *1ᵉʳ groupe*, le commandant Drude pousse une reconnaissance vers Agony et y prend contact avec une reconnaissance envoyée par le *2ᵉ groupe* qui a achevé le passage du Zou (bivouac de Toué) et qui aborde le plateau d'Agony par l'Ouest pendant que le premier le fait par l'Est.

Le même jour le *3ᵉ groupe* s'est mis en mouvement et bivouaque le soir à Allahé.

L'approvisionnement se fait, à cette heure :

1° Par l'Ouémé jusqu'à Ouémeton où 30 jours de vivres sont rassemblés pour deux groupes ;

2° Par le Zou jusque vers Allahé où est créé un magasin de débarquement ;

3° Par la ligne Kpome-Cotopa-Goho pour le 4ᵉ groupe.

Le 17, pendant qu'on travaille à l'installation du poste de Ouémeton et qu'on exécute des reconnaissances sur Zaganado, les chefs d'Agony viennent faire leur soumission.

En conséquence, le lendemain le *2ᵉ groupe* avec le colonel Dumas quitte le bivouac de Toué et se porte sur le plateau de Zaganado.

Pendant ce temps, le *3ᵉ groupe* qui a continué sa route est arrivé à Abodougniauli, après avoir traversé une lagune de 60 mètres de large et de 6 à 7 mètres de profondeur.

Enfin le 20, le général, avec la 4ᵉ compagnie de tirailleurs haoussas, rejoint le *2ᵉ groupe* à Zaganado, où tout le reste du *1ᵉʳ groupe* arrive le lendemain ; un magasin est installé dans cet endroit avec 30 jours de vivres pour les deux groupes et Ouémeton ne servira plus qu'à entreposer le matériel débarqué.

Pendant tous ces mouvements le *4ᵉ groupe*, qui n'a fait que des reconnaissances, se porte à Dan le 21.

Le 21 et le 22, deux reconnaissances sont lancées sur les routes d'Atchérigui et de Paouignan.

La première, commandée par le capitaine Pentel, constate que la route ne présente plus de gros obstacles, mais la seconde, commandée par le capitaine Privé et qui dure 48 heures, constate au contraire que le trajet offre de sérieuses difficultés, notamment au passage de cours d'eau profondément encaissés.

La concentration des trois groupes s'opère régulièrement et le 23, le *3ᵉ groupe* rejoint les deux autres et bivouaque sur le versant nord-est du plateau de Zaganado.

Ce dernier point sera tête d'étapes : le magasin est installé dans le grand palais où l'on construit un four et les trains continuent à arriver, remorqués par la flottille.

Le 23, le *4ᵉ groupe* se porte en reconnaissance sur Yégo et Akekame et s'empare de trois Dahoméens qui

qui cherchaient à l'espionner. Sur leur refus de répondre, ils sont passés par les armes ; on sut plus tard que l'un d'eux était le chef des guerriers chargés de défendre Yégo [1].

Marche sur Paouignan et Atchérigui. — Behanzin cependant commence à s'émouvoir du mouvement de nos colonnes. Des émissaires lancés sur la rive gauche de l'Ouémé ont déjà rendu compte au général que des envoyés dahoméens sont venus à Thio et Savé demander le passage. Tout porte à croire que Behanzin a prévu et préparé une fuite vers l'Est ou le Nord-Est pour atteindre la frontière anglaise et se réfugier à Lagos ; il aurait même des pirogues préparées pour franchir le fleuve.

Dès lors s'impose la nécessité de lui couper la route et, à cet effet, au lieu de ne prononcer qu'une marche directe vers Atchérigui, le général décide que le mouvement se fera sur deux colonnes et en deux échelons ; l'un à droite et plus en avant le long de l'Ouémé, l'autre à gauche, un peu plus en arrière le long du Zou.

De plus, il importe que le mouvement sur l'Ouémé soit bien dessiné avant que la marche directe sur At-

---

1. Deux jours après, le 25, Behanzin écrivait au général une lettre dans laquelle il protestait contre l'exécution des trois Dahoméens.

chérigui se produise. Il faut que Behanzin ne se sente pas trop tôt menacé dans son camp et ne prenne pas la fuite avant que la route de l'Est ne lui soit coupée.

Chaque groupe ne portant à son convoi que 4 jours de vivres, on ne peut aller d'une traite à Paouignan et il faudra établir des dépôts intermédiaires.

Le 25, le 1er échelon, *2e groupe*, avec le colonel Dumas, se met en route pour se porter à deux étapes environ vers Paouignan.

Pour faciliter son mouvement, on a réuni à Zaganado le plus de vivres possible et le *4e groupe* s'est rapproché d'Abodougniauli de façon à prêter momentanément le gros de ses voitures ; enfin, on a fait venir les porteurs réguliers et de plus les villages de la région fournissent des auxiliaires pour effectuer les mouvements entre les magasins de débarquement (Ouémeton-Abodougniauli) et Zaganado.

Tous les moyens de transport disponibles sont employés à amener sur la ligne de marche du *2e groupe* un approvisionnement aussi fort que possible.

On établira, à deux étapes en avant, un dépôt de vivres qui sera alimenté par les ressources en moyens de transport du poste-magasin pendant que le ravitaillement entre le nouveau dépôt et les troupes sera assuré par les voitures du groupe.

A midi le 1er échelon du *2e groupe* s'établit sur la rive droite de l'Ellelé près de Gba-Namé.

Le passage du ruisseau et surtout l'ascension de la

rive droite très abrupte présentent de telles difficultés pour les voitures, — en raison des nombreux rochers à travers lesquels passe le sentier, — qu'un pont et une route en lacets sont immédiatement commencés, en même temps qu'une reconnaissance cherche, à 15 ou 20 kilomètres en avant, un point d'eau où on puisse établir un poste-magasin.

Le 26, le 2ᵉ échelon du groupe rejoint le 1ᵉʳ à 11 heures du matin et tout le 2ᵉ *groupe* se met en route à 7 et 9 heures du soir pour arriver à 3 heures du matin au village de Gbehodorhomé. Le but de cette marche de nuit est de profiter de la lune et de la fraîcheur relative de la température pour franchir avec moins de peine la distance qui sépare du point d'eau. La marche de jour, dès qu'elle se prolonge un peu, est trop pénible, dans ces sentiers enfouis sous la brousse et sans air.

Le 28, les trains du 2ᵉ groupe étant rentrés à Zaganado, les *1ᵉʳ et 3ᵉ groupes* peuvent commencer leur mouvement sur Atchérigui.

Le même jour, une partie du *1ᵉʳ groupe* va bivouaquer sur les bords de l'Ellélé et le 29, poursuivant son mouvement, elle arrive à la rivière Zoumon ; un pont est aussitôt établi et le bivouac pris une heure après à Bégohonou.

Une section a été laissée au bivouac de l'Ellélé pour y construire un pont.

Le convoi du groupe part le 29 et le 1ᵉʳ novembre

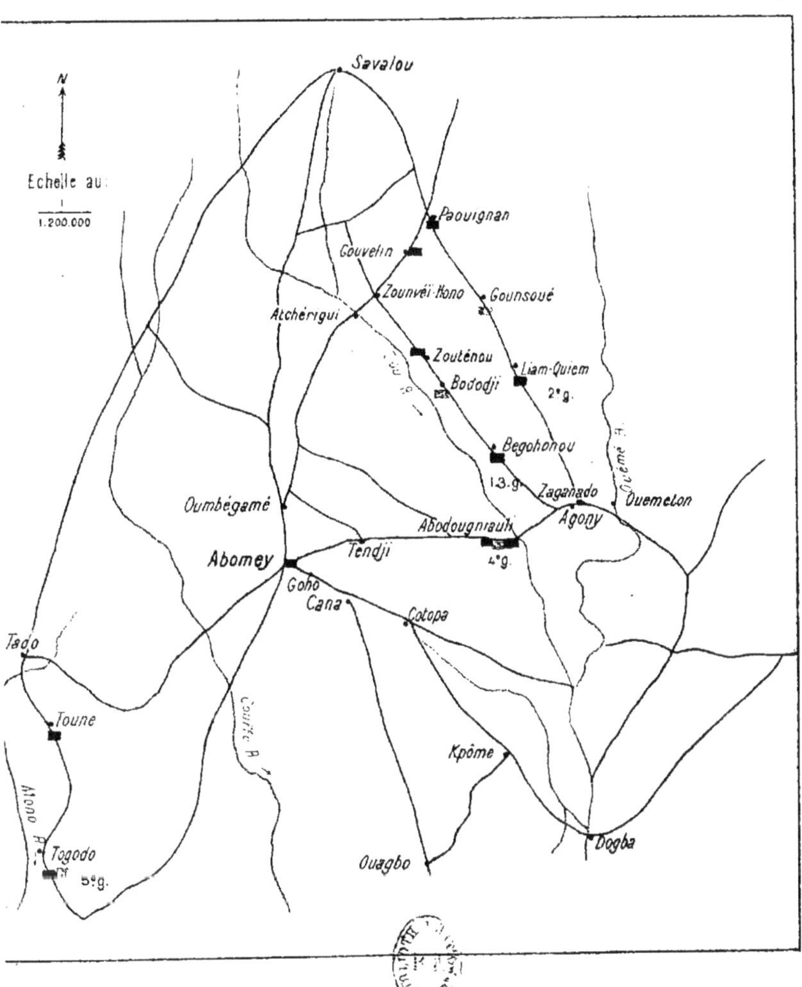

I

EMPLACEMENTS DES DIFFÉRENTS GROUPES

2ᵉ groupe .... Route de Paouignan.
1ᵉʳ - 3ᵉ groupes .... „ „ Zounvéï-Hono.
4ᵉ groupe .... Abodougniauh.
5ᵉ groupe .... Route de Tado.

au 1ᵉʳ novembre ——————
„ 3 novembre ——————
„ 7 novembre ——————

le général rejoint le *1ᵉʳ groupe* au bivouac de Zoumon (Bégohonou).

Le 31 octobre, des reconnaissances sont envoyées dans l'Est, mais elles rentrent sans avoir trouvé aucun sentier frayé reliant la vallée du Zou et de l'Ouémé.

Pendant tous ces mouvements, le *4ᵉ groupe*, se conformant à l'ordre qui lui a été donné, est venu le 27 bivouaquer à Tendji ; le 29, il est à Za-Zoumé, après avoir passé le Oueddan près de Za-Zoumé[1], et le 30, il campe à Abodougniauli. Le groupe, ne conservant que ce qui lui est indispensable pour porter les vivres et bagages des reconnaissances, envoie 23 mulets et 16 voitures attelées à Zaganado.

On pourra ainsi assurer avec des moyens indépendants les transports entre Zaganado et les magasins de Begohonou et de Gbehodorhomé, en consacrant les moyens de transport des groupes aux mouvements entre ces magasins et les troupes.

Le 1ᵉʳ novembre, le *2ᵉ groupe* reprend sa marche en avant.

Il quitte Gbehodorhomé en laissant une garde au magasin et va s'établir sur la route de Paouignan au sud de Liamquiem et le 2 se porte à Zagadohan. Le trajet présente de grosses difficultés ; le sol marécageux est parsemé de gros blocs de rochers ; les voitures enfoncent jusqu'à l'essieu et les mulets de bât passent

---

1. Za-Oueddo, sur la carte.

difficilement. C'est une lama supérieure sur des plateaux et des flancs de montagne.

Le 3, continuant sa marche, le groupe s'avance jusqu'à 1,800 mètres au sud de la rivière Louto, et le 4, le capitaine de Curzon va prendre, avec une section de la 9ᵉ compagnie de tirailleurs, le commandement du poste de Gounsoué.

Enfin, le 6 novembre, le colonel Dumas se porte à Gounsoué et le soir même à Paouignan avec un peloton de chaque compagnie ; le reste du groupe achève le passage du Louto.

Le lendemain, le colonel, avec un échelon, occupe Gouvelin sur la route d'Atchérigui.

Le *1ᵉʳ groupe* ne reprend son mouvement que le 3 novembre en allant occuper Bododji ; la route a été aménagée les jours précédents et 3 ponceaux ont été construits sur des affluents du Zou.

Ce groupe est remplacé à Begohonou par le *3ᵉ groupe*.

Les journées des 4 et 5 sont employées à préparer la route en avant et le 7, le général arrive au bivouac de Zoutenou, appuyé par le *3ᵉ groupe* qui s'établit entre Begohonou et Zoutenou.

Le *4ᵉ groupe*, pendant ce temps, opérait une série de reconnaissances destinées à fouiller le pays, à trouver les voies de communications vers Atchérigui ou parallèles au Zou et déterminer la ligne des crêtes de la rive droite du Zou.

Négociations avec Behanzin. — Tandis que les deux colonnes exécutaient leur mouvement en avant, les négociations reprenaient avec l'ex-roi.

Le 25 octobre, un renseignement erroné ayant fait croire à la fuite de Behanzin, le général, tenant à être exactement renseigné, avait envoyé l'interprète Chagas s'assurer du fait.

Chagas était porteur d'une lettre adressée aux princes, ministres et cabecères du Dahomey dans laquelle le général invitait de nouveau ces hauts dignitaires à faire leur soumission.

Chagas, arrivant le 29 à l'entrée de Zounveï-Hono, est informé à 10 heures du soir que Behanzin lui accorde une audience. Il met trois heures à franchir la courte distance qui le sépare de la case de Behanzin ; on lui fait faire de nombreux détours et partout il rencontre des groupes de gens faisant tam-tam. Enfin, à 1 heure du matin, il est reçu par Behanzin assis devant une table bien servie et ayant près de lui ses conseillers Ymato et Yohomé.

Chagas lui dit que le général veut avant tout la remise des fusils à tir rapide, des canons et des munitions. Le lendemain, le roi lui fait tenir une lettre pour le général, mais le message reste entre les mains d'un envoyé nommé Capo et qui souvent était venu à Goho. Capo a pour mission de remettre lui-même la lettre au général.

Le soir, alors qu'il est déjà à Bododji, Chagas reçoit

une deuxième lettre à remettre au commandant supérieur ; il rentre au camp à Zaganado, le 30 octobre.

Dans la première de ses lettres, Behanzin promet ses canons et ses fusils, car il n'a plus rien, dit-il, à refuser au général, et cette demande lui paraît d'ailleurs la preuve que le général veut la paix.

Dans la deuxième, Behanzin déclare que ses guerriers n'étant pas tous rassemblés, il lui faudra dix jours pour réunir les armes.

En même temps que ces deux lettres, arrive une communication des princes, ministres et cabecères dans laquelle ces derniers demandent à continuer à servir Behanzin, en restant sous les ordres de la France. Ce sont, disent-ils, les cabecères de Ouidah qui sont cause de la guerre et ils attendent le retour des messagers envoyés en France pour faire la paix.

Le 4 novembre, nouvelle lettre de Behanzin apportée par Capo et que ce dernier remet au général au bivouac de Bogohonou. Behanzin, promettant de nouveau la remise des armes et des munitions, demande en retour de conserver son titre de roi.

Les messagers dahoméens passent la nuit aux avant-postes et repartent le 5, promettant que tous les princes, ministres et cabecères viendront faire leur soumission au prochain bivouac.

Le 6 novembre, les Dahoméens apportent 406 fusils à tir rapide et 1 canon ; le 7, 3 canons et le 8, 71 fusils et des munitions.

Les fusils et pièces de canon livrés se décomposent
ainsi :

	Chassepots.	190
	Peabody.	44
	à pierre transformés pour car-touches métalliques	60
	Wänzl.	47
	Snider, grand modèle	74
	— petit modèle.	31
Fusils. . .	Winchester, petit modèle. . . .	11
	à piston	16
	Beaumont, cartouche métallique.	1
	Chassepot (transformation alle-mande) à cartouche combustible	1
	Mauser ordinaire	1
	— à répétition	1
	Mitrailleuse française (général Le-vasseur).	1
Canons . .	Krupp de montagne 8%m	1
	— 6%m	2
	Cartouches Snider.	4 caisses.
	— Peabody.	2 —
	— —	6 tonnelets.
	— Winchester.	2 —
Munitions .	— Chassepot.	1 —
	— mitrailleuse.	4 —
	Obus de 8%m	15
	— de 6%m	16

Le 7 novembre, à 2 heures, se présentent au camp
les deux ministres Ymavo et Yohomé avec un certain
nombre de cabecères ; ils prétendent que si les autres
ministres ne se présentent pas c'est qu'ils sont malades.

Le général refuse de les recevoir ainsi seuls et leur fait savoir qu'il ne les verra que lorsque tous les ministres et tous les princes viendront faire leur soumission.

Le groupe des ministres et cabecères va s'installer à 1,500 mètres du camp et le général envoie le chef d'état-major avec une compagnie pour les forcer à se retirer vers Zounveï-Hono.

Devant cette injonction, ils campent, pendant la nuit, sur la rivière Paco, et, le 8 au matin, ils ont disparu, rentrant, comme l'indiquent leurs traces, à Atchérigui. Avant de partir, Ymavo et Yohomé avaient promis de ramener tous les ministres et les princes qui manquaient.

Soumission des princes, ministres et cabecères. — Le 8 novembre, le mouvement continue sur Atchérigui.

Une partie du *1er groupe*, avec le commandant Drude, rejoint la 12e compagnie de tirailleurs sur le Paco, où elle avait campé après avoir renvoyé les deux ministres. Pendant ce temps, le colonel Dumas se porte au sud-ouest de Gouvclin, tandis que le reste du *2e groupe* occupe Gounsoué.

Le général Dodds reçoit alors une lettre d'Ymavo et de Yohomé datée du 7 novembre. Les deux ministres demandent au commandant supérieur d'arrêter la marche du colonel Dumas, qui fait fuir la population ; en même temps, ils déclarent amasser ce qui reste d'armes et convoquer les personnages qui doivent venir se présenter au général.

En conséquence, ordre est donné au colonel Dumas de suspendre sa marche ce jour-là ; mais il devra le lendemain, à moins d'ordre contraire, se porter sur Zounveï-Hono dès 8 heures du matin, le général devant s'y rendre lui-même avec les troupes de Zoutenou. L'ordre est envoyé par l'intermédiaire d'Ymavo.

Le 9, les ministres dahoméens ayant fait prévenir, dès le matin, qu'ils allaient arriver, la marche est suspendue.

Ils se présentent, en effet, à 3 heures du soir et le général les reçoit en trois groupes. Au nom du Gouvernement français, il accepte leur soumission et leur promet la vie sauve.

Quant à Behanzin, il ne peut être question de lui rendre le pouvoir, puisqu'il nous a obligés à pousser aussi loin les opérations. Cependant, le roi déchu aura la vie sauve s'il vient faire sa soumission ; mais le général ne répond de rien s'il l'oblige à poursuivre sa marche contre lui.

Les Dahoméens sont installés dans trois camps distincts (ministres, princes, cabecères) et le commandant supérieur envoie le prince Cocro-Cacra inviter Behanzin, son frère, à se rendre.

Noms des princes, ministres et cabecères venus le 9 novembre au camp de Zoutenou.

MINISTRES CONSEILLERS DE BEHANZIN

Ymavo, 1ᵉʳ ami, fils d'Adandégan.
Yohomé, médecin.
Alladahaé, trésorier.
Fihobé, conseiller pour la politique avec les Mahis et les Nagos.

(Il manque plusieurs ministres, et entre autres Bocono, grand féticheur et principal conseiller de l'ex-roi.)

PRINCES DE LA FAMILLE ROYALE.

Fils de Guézo . .
- Allado-Ponougan ou Keglabi.
- Hahinhonou ou Ahinrin.
- Bosekom ou Pohoso-hu.
- Bientohohento.

Fils de Glé-Glé .
- Sefolile.
- Conoji.
- Allegaola.
- Koukoukakli.
- Zaganji.
- Ghiahidinihou.
- Zuédéhéou.

Fils d'Ahahoué . Sogba.

CHEFS ET CABECÈRES

Nigla, miram, bourreau, affaires intérieures.
Akladoton, mévo-mehou, relations avec les blancs qui viennent au Dahomey.
Béléhoumé, premier chef de guerre.
Charagacha, possu, deuxième chef de guerre.
Lahasaoupamazé, bigo, troisième chef de guerre.
Djéméko, cabecère d'Allada.

Ahoulan, cabecère d'Adohun.

Géonéda, gardien du parasol de Glé-Glé.

Fiohouson, cabecère d'Allada.

Kalakaukloson dit Ahenhouhoué, gardien du palais de Gimé.

Begbobé, zagohonno, gardien du palais d'Atchérigui.

Samaladokoué, gardien-surveillant du palais d'Adandopogi.

Fibigi, Honto gon sorono, chef de quartier à Abomey.

Banoupo Mapiro, chef de guerre.

Lagada, sorano, chef de quartier à Abomey.

Ahintouton, chef de guerre.

Allagada, chef de guerre.

Houénato, chef des parasols de Glé-Glé.

Koïta-glababa, ajakakegan, chef de guerre.

Agohlajéto, sagan, chef des chevaux[1].

Mais Behanzin ne se décide pas encore à faire sa soumission et la continuation de la campagne s'impose.

Le 9, les troupes du bivouac du Paco commencent la construction de trois ponts, aussi bien sur le Paco que sur les rivières en avant dont la dernière n'est distante d'Atchérigui que de 1 kilomètre et demi.

Le même jour, le colonel Dumas, n'ayant pas reçu l'ordre qui lui avait été envoyé de s'arrêter, continue son mouvement vers Zounveï-Hono qu'il atteint bientôt. Comme Behanzin, la population a peur et s'est enfuie, le camp est vide ; traversant le village, la colonne s'établit au bivouac sur la rive gauche du Zou pendant que le colonel Dumas, le capitaine Blondlat

---

1. Tous ces chefs sont internés dans le grand palais de Zaguado.

et le lieutenant Aubé se mettent en route pour Zoutenou, où ils arrivent à 9 heures du soir.

Le *4ᵉ groupe* reçoit l'ordre de préparer son passage sur la rive gauche de l'Ouémé au cas où Behanzin passerait par cette région pour gagner Lagos.

Le 11, le prince Cocro-Cacra, envoyé pour ramener Behanzin, vient dire que l'ex-roi, effrayé par la marche de la colonne Dumas, s'est réfugié à Bedavo, mais qu'il se prépare à faire sa soumission et demande ce qu'on l'autorisera à emmener comme suite.

En réalité, il cherche à temporiser en vue de préparer sa fuite, car, le 13, le prince Cocro-Cacra, qui était retourné près de lui avec le ministre Fiobé, rapporte la lettre suivante :

Monsieur le général Dodds, vainqueur du Dahomey.

Je vous salue,

En réponse du message que vous m'avez envoyé, je vous informe que j'ai donné l'ordre à mes cabecères de décider cette affaire avec vous, pourtant je vous supplie toujours de traiter de la paix avec eux et envoyez-moi le contracte.

Roi BEHANZIN.

De tous côtés, cependant, le pays est fouillé ; il importe de trouver les armes et les munitions que Behanzin doit avoir encore et qu'il a dû mettre en lieu sûr. Des reconnaissances sont envoyées par le *2ᵉ groupe* vers Baffou et Gbaoulé.

Au mont Baffou, on trouve cachés 137 caisses de cartouches pour fusils à tir rapide, 29 caisses de boîtes à mitraille, 72 tonnelets de cartouches, 3 chevaux, et au mont Gbaoulé plusieurs autres cachettes contenant 820 barils de poudre.

L'approvisionnement de guerre est détruit par le feu ainsi que 400 à 500 fusils inutilisables.

Une autre reconnaissance dirigée sur Minik, village situé sur un rocher d'un accès difficile et où la troupe ne parvient que pieds nus et en grimpant à quatre pattes, découvre plusieurs retraites remplies d'objets appartenant à Behanzin et délivre 300 esclaves qui sont rendus à la liberté.

Nouvelle organisation du corps expéditionnaire. — La tournure que prennent les événements et la baisse rapide des eaux qui rend le ravitaillement en arrière difficile, exigent alors une modification dans lo fractionnement des unités du corps expéditionnaire et dans son système de marche. Plusieurs canonnières sont, en effet, immobilisées à Porto-Novo, tandis que d'autres ne peuvent plus dépasser certains points. Au 14 novembre, leur service est ainsi réglé :

La *Moscat,* le *Marmet* restent à Porto-Novo faute d'eau ;

La *Topaze* assure le service entre la côte et Dogba ;

l'*Opale* et l'*Ambre* entre Dogba et le Nord (en aval de Tohoué); au delà, le transport s'effectue au moyen de pirogues. Un nouveau point de débarquement est cherché en dessous de Ouémeton.

A Zoutenou, qui doit servir de base de ravitaillement des troupes qui opéreront dans le Nord, est installé un poste-magasin et on pousse activement son approvisionnement; un four y est construit.

D'autre part, comme les voitures ruineraient les attelages dans les sentiers rocheux qu'on **va** avoir à suivre maintenant, il est nécessaire de transformer les trains d'unités et une forte proportion de l'artillerie en sections de mulets de bât.

A cet effet, un convoi de 25 voitures est envoyé en arrière le 14 et dirigé sur Ouémeton. Il emporte les armes et munitions livrées par les Dahoméens; les mulets sont ensuite équipés en mulets de bât et ramènent des vivres. Mais les mulets portent moins que les voitures; il faut alléger la charge des hommes et des convois.

Aussi bien, la réserve de munitions paraît excessive maintenant et elle est réduite à 10 caisses de munitions 1886 par compagnie blanche; 15 caisses de munitions 1874 par compagnie noire; 14 caisses de munitions par section d'artillerie.

Les hommes n'auront plus sur eux que 120 cartouches et 1 jour de vivres et, au train, la toile de tente, le paletot de molleton et 4 jours de vivres.

D'après les renseignements recueillis, on apprend que Behanzin, après avoir quitté Zounveï-Hono, s'est retiré sur les bords de l'Agbado dans la direction de Bedavo. Il a avec lui 20 cabecères, dont le principal est Agbi, chef de guerre ; 100 soldats de sa garde armés de Winchester ; environ 20 princes, 80 princesses et 20 de ses femmes. La masse de la population l'a suivi, et il a fait transporter toutes ses richesses chez les Dassa.

Son intention paraît être de se retirer par Oko, dans la vallée de l'Ouémé au nord de Savé, et de là, s'il y a lieu, il se dirigera vers Aclampa, où il compte établir son refuge. Peut-être aussi franchira-t-il l'Ouémé pour gagner la frontière anglaise.

Les gens de Dassa, maintes fois mis par lui au pillage, ont bien promis leur concours aux Français, mais il est utile de stimuler leur zèle et de le rendre effectif [1]. D'autre part, le roi de Savalou, toujours hésitant, a fait des réponses évasives aux invitations qui lui ont été adressées de barrer la route à Behanzin.

Il semble dès lors nécessaire de nous montrer dans le pays des Dassa dans le double but d'ôter au roi de Savalou, en lui inspirant la crainte salutaire d'un prompt châtiment, toute idée de faire cause commune

---

1. Les chefs de Dassa, Paouignan et Baffou sont venus offrir leur concours au chef de la colonne n° 2 pour surveiller les chemins allant vers l'Ouémé.

avec le roi déchu et d'encourager, par notre mouvement en avant, les gens de Dassa à couper la retraite à notre ennemi dans la direction du Nord-Est.

Les forces militaires de Behanzin sont assez réduites pour qu'il n'y ait plus de grosse action à prévoir ; on peut donc former des colonnes légères sans artillerie auxquelles seront affectés presque tous les moyens de transport, ce qui leur permettra d'emporter 8 jours de vivres.

Une colonne se portera vers le Nord, longeant l'Ouémé et fermera, avec l'aide des populations, les chemins allant vers l'Est. Elle partira immédiatement de façon à prévenir les Dahoméens à Savalou.

Une deuxième colonne les poursuivra en queue vers l'Ouest, où ils se heurteront aux musulmans du Pessi et d'Atakpame, qui ont déjà demandé à être informés de notre marche afin de pouvoir se venger des Dahoméens. Ces derniers, vers le Sud, retomberont sur nos postes.

Enfin une troisième colonne suivra les mouvements des deux autres, se tenant au milieu de leur intervalle.

Les résidus des groupes serviront :

Le 2ᵉ groupe, à garder le magasin de Paouignan ;

Le 1ᵉʳ groupe, à occuper Atchérigui et les environs ;

Le 3ᵉ groupe, à garder Zoutenou.

Composition des trois colonnes volantes[1].

COLONNE VOLANTE N° 1 (1er GROUPE) [PACO-ZOUTENOU]

Commandant de la colonne : Commandant DRUDE.

25 hommes de la 1re compagnie du bataillon étranger : Lieutenant Bonnelet.

12e compagnie de tirailleurs sénégalais (98 hommes) : Capitaine Lemoine.

Ambulance (1 infirmier, 7 brancardiers) : Docteur Salaün.

Train : 1 maréchal des logis, 30 mulets, 8 jours de vivres.

COLONNE VOLANTE N° 2 (2e GROUPE) [PAOUIGNAN]

Commandant de la colonne : Colonel DUMAS.

Officier de renseignements : Lieutenant Aubé.

Troupes : Capitaine Blondlat, commandant.

25 hommes de la 2e compagnie du bataillon étranger : Lieutenant Martin.

9e compagnie de tirailleurs sénégalais, 1 peloton : Lieutenant Vernet.

11e compagnie de tirailleurs sénégalais, 1 peloton : Lieutenant Grandmontagne.

Ambulance (1 infirmier, 7 brancardiers) : Docteur Daujon.

Train : 1 maréchal des logis, 30 mulets, 8 jours de vivres.

COLONNE VOLANTE N° 3 (3e GROUPE) [ZOUTENOU-ZAGANADO]

Commandant de la colonne : Commandant DE CAUVIGNY.

Officier de renseignements : Lieutenant Gramat.

1 sergent et 9 hommes de la compagnie d'infanterie de marine : Capitaine Lemoël.

---

1. Les sections d'artillerie des 2e et 3e groupes sont supprimées et transformées en sections de mulets de bât.

4ᵉ compagnie de tirailleurs sénégalais (85 hommes) : Capitaine
  Monnoye.
1ʳᵉ compagnie de tirailleurs haoussas (41 hommes) : Lieutenant
  Lalubin.
Ambulance (1 infirmier, 7 brancardiers) : Docteur Duguet.
Train : 1 brigadier, 26 mulets, 7 jours de vivres.

Marche sur Savalou. — Le 16 novembre, la *colonne
n° 1*, quittant son bivouac de Paco, traverse Zounveï-
Hono et s'engage sur la route de Bedavo où elle relève
la piste des colonnes dahoméennes, et, à 5 heures du
soir, elle bivouaque près du village de Bedavo.

La *colonne n° 2*, qui devait partir la première, mais
qui a été retardée par un mouvement de convoi, se
met également en route le 16.

Behanzin[1] ayant continué sa route vers le Nord, la
colonne n° 2 doit s'efforcer de le devancer. En conséquence, elle traversera Dassa-Sapointa sans s'arrêter
et dès qu'elle croira avoir dépassé la colonne dahoméenne, elle se rabattra franchement sur elle.

La *colonne n° 3* a pour mission d'agir dans le pays
des Dassas.

------

1. De l'avis du prince Cocro-Cacra, Behanzin serait hésitant
et personnellement disposé à faire sa soumission si une terreur
enfantine ne l'en empêchait ; le prince affirmant que si les déclarations déjà faites étaient appuyées de celles d'un homme ayant
de l'influence sur Behanzin, il y aurait plus grande chance d'obtenir une soumission immédiate, le général l'expédie de nouveau
près de lui avec Fiobe.

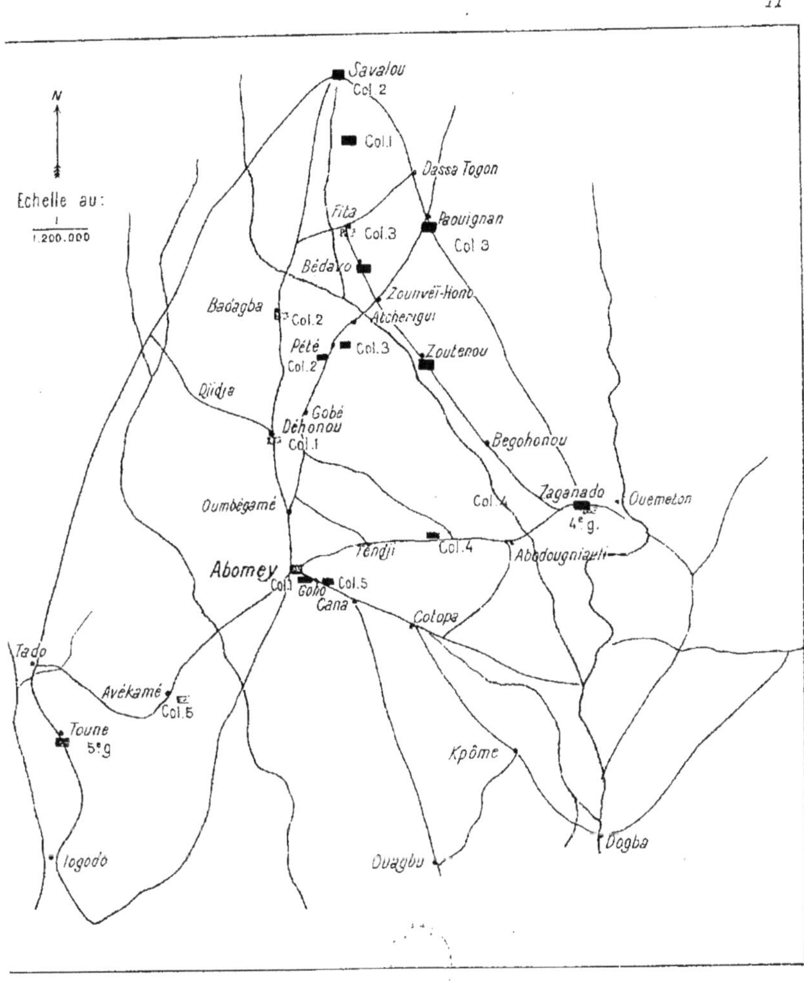

II

EMPLACEMENTS DES COLONNES VOLANTES AUX:

19 novembre

22 novembre

25 novembre

Quittant Paouignan à 2 heures de l'après-midi, la *colonne n° 2* arrive le soir à Dassa-Togon, le lendemain 17 à Dassa-Moumon et bivouaque le 18 à la rivière Clou.

Le 19, le colonel Dumas se dirige sur Logosobe et entre à Savalou le même jour ; en route et près de Mocpa, il a rencontré trois métis portugais échappés de chez les Dahoméens : Félix Lino, Cyrille da Souza, Alexandre da Silva, les deux premiers anciens chefs de l'artillerie de Behanzin, pendant la campagne de 1892, notamment au Coto, le dernier secrétaire du roi. Ils prétendent avoir été enlevés de Ouidah et forcés d'agir comme ils l'ont fait, sous peine de mort.

D'après eux, Behanzin était, le 16, près de la rivière de Batam, affluent du Zou, et non loin de ce dernier cours d'eau. L'ex-roi aurait l'intention de se rabattre sur Abomey par Badagba.

Dès son entrée à Savalou, le colonel Dumas a une entrevue avec le roi du pays qui promet de ne pas laisser passer Behanzin et envoie 250 chasseurs rejoindre nos troupes.

Deux jours auparavant, le 17, la *colonne n° 1* avait quitté Bedavo et était arrivée le soir devant la rivière Louto ; elle s'y arrête 24 heures pour laisser le temps à la *colonne n° 2* de prendre son avance et, repartant le 19, elle franchit le Clou et bivouaque, la nuit venue, sur les bords de l'Agbado.

Le 19, la *colonne n° 3* se porte à Paouignan.

L'océan de brousse qui s'étend à l'ouest des montagnes des Dassas paraît n'être coupé que par très peu de sentiers, mais des colonnes peuvent y circuler sans être vues, grâce à la hauteur des herbes. Afin de chercher à couper une piste de Behanzin traversant cet espace dans le sens nord-sud et savoir ce qu'il y a dans l'ouest des montagnes de Fita qui limitent absolument les vues de ce côté, un officier d'état-major (capitaine Privé) se porte le 20 au sommet du Fita, où il rencontre, venue de Bedavo, une reconnaissance de la 1re compagnie du bataillon étranger, commandée par le lieutenant Odry (1er groupe). Le chef de Fita avait livré à nos soldats 36 fusils à tir rapide et 95,000 cartouches métalliques qui sont détruites.

Le même jour, la *colonne n° 1* franchit l'Agbado, s'arrête à 8 heures près du ruisseau le Batam, le chemin tournant brusquement au Sud.

En même temps la *colonne n° 2* atteint l'Azoka et la *colonne n° 3* rejoint le quartier général à Dassa-Togon.

A la poursuite de Behanzin. — Le général Dodds a acquis, à cette heure, la conviction que Behanzin[1] s'est, d'une façon certaine, rabattu vers le Sud et se dirige

---

1. Le roi de Savalou refusant de le recevoir et les routes de l'Ouémé lui étant barrées.

vers Abomey. En conséquence, il modifie aussitôt le mouvement des colonnes.

La *colonne n° 2* se rabattra vers le Sud-Ouest et cherchera à suivre Behanzin.

La *colonne n° 1* se rabattra vers le Sud observant le flanc gauche (est) des Dahoméens.

La *colonne n° 3* se portera le 22 de Dassa-Togon à Fita, prête à se lancer vers Abomey par Bedavo et Atchérigui.

Enfin une *4ᵉ colonne* est constituée à Tendji avec des éléments du 4ᵉ groupe : 3ᵉ compagnie du bataillon d'Afrique, 10ᵉ compagnie de tirailleurs sénégalais et compagnie d'infanterie de marine Lemoël qui reçoit, à Zoutenou, l'ordre de rejoindre.

La mission de cette *colonne n° 4* sera de surveiller le pays au nord de la ligne Abodougniauli-Abomey et de se jeter au-devant de Behanzin s'il y a lieu.

Le commandant du poste d'Abomey reçoit l'ordre de surveiller le pays au moyen d'émissaires.

Enfin le *5ᵉ groupe,* qui jusqu'à présent a agi seul, va relier ses mouvements à ceux des autres colonnes.

Concentré le 12 octobre à Grand-Popo, ce groupe avait commencé le 13 son mouvement vers le Nord ; le personnel et les vivres étant transportés en pirogues conduites à la perche.

Le 13, il était à Avévé, le 14, à Agomay-Séva, le 15, à Conougoui et, le 16, à Athiémé où est installé un dépôt de vivres.

Un convoi est organisé au moyen de 80 porteurs et le 17 le groupe part pour Topli. Après avoir fait étape à Amédenta, Togodo, la tête du groupe arrive le 22 octobre à Toune (le dépôt de vivres a été transporté à Togodo).

Un frère de Pohenzon, roi de la région, se présente le 23 au chef de la colonne pour le saluer de la part de ce dernier. Pohenzon n'a pas pu venir, paraît-il, parce que sa dignité l'empêche de loger chez un de ses sujets, mais il serait heureux de voir le commandant sur la route de Toune à Tado.

L'entrevue a lieu le lendemain.

Les Dahoméens, d'ailleurs, abandonnent tous les postes qu'ils occupaient pour se retirer vers Tokame.

Le 29, la colonne tout entière réunie et reprenant sa marche, passe à Afratau, bivouaque le 30 à Boasipe, le 31 à Game et le 1ᵉʳ novembre à Aguibo, qui est le centre dahoméen le plus important (500 habitants suivent la colonne dans l'intention de piller).

Le village d'Aguibo est abandonné, une dizaine de Dahoméens se présentent seuls avec un drapeau blanc pour faire leur soumission.

Le 2 novembre, la colonne se porte sur Home, abandonné par les Dahoméens et par les Adjas, arrive le 3 à Ouétan et le 4 à Tado, résidence de Pohenzon, et rentre à Toune qu'elle a quitté 7 jours avant.

Le 9 novembre, nouvelle reconnaissance. Le groupe marche sur Tandji (ouest de la Lama) où il arrive le

13, puis rentre à Toune le 17, après avoir reconnu les villages de Lalo, Aidjamé et Oué, capitale du pays des Eoués.

Partout la population affolée s'enfuit à notre approche ; quelques habitants même prennent des fusils, mais le commandant leur fait savoir qu'il vient en ami et les habitants finissent par rentrer en apportant des présents.

A ce moment, le groupe reçoit l'ordre d'observer le pays et les chemins entre Toune et Abomey et se prépare à partir le 21 novembre, achevant ainsi de fermer à Behanzin tout débouché vers le Sud.

La colonne prendra le titre de *colonne n° 5* et sera composée de :

> Commandant Rouvillain-Saguez ;
> Lieutenant de Boissieu, officier de renseignements ;
> 1re compagnie de tirailleurs sénégalais : Lieutenant Caillau (85 hommes).

Le 21, ainsi constituée, la colonne n° 5 se porte à Akémé.

Le 22, le général, avec la *colonne n° 3*, se porte sur le Fita dont l'altitude (190 mètres au-dessus de la plaine) constitue un observatoire d'où l'on peut étudier le terrain dans toutes les directions.

La *colonne n° 1* quitte Badagba qu'elle occupait et se porte à Dehonou en fouillant tous les villages ; elle rencontre dans la brousse quantité de porteurs dahoméens et de Nagos qu'elle délivre ; nos soldats constatent que les Dahoméens se sont séparés ; les uns se dirigent vers Dehonou, les autres sur Djidja et Cozoucamé.

Entre temps, la *colonne n° 2* passe le Zou et arrive à Badagba et la *colonne n° 5* se porte à Avrekamé par Ouétan.

Pendant les journées des 23 et 24 novembre, la poursuite continue et, le 25, les colonnes occupent les positions suivantes :

La colonne n° 1 est à Goho venant de Doua-Oumbegamé et Viadoute [1];

La colonne n° 2 est à Pété venant de Doua ;

La colonne n° 3 est à Atchérigui avec le général venant de Fita ;

La colonne n° 4 est en route sur Tendji ;

La colonne n° 5 est à Goho venant de Tokame, Adjarra, Adonouhounto-Zauza.

A cette heure, Behanzin, fuyant toujours vers le Sud, les postes de Paouignan et de Bedavo sont supprimés et évacués sur Atchérigui qui alimentera dorénavant les colonnes 1, 2, 3, à l'aide du magasin de Zaganado-Ouémeton. Le poste Abodougniauli est, en outre, transféré à Goho.

---

1. Un grand nombre de captifs errent dans la brousse et 120 Nagos demandent à suivre la colonne pour échapper à la captivité.

Du 26 au 29, les colonnes exécutent les mouvements ci-après :

La *colonne n° 1*, se portant vers le Nord, dans la direction de Djidja, occupe le 29 le bivouac de Lacbame entre Djidja et Gobé. Une reconnaissance, envoyée le 26 vers Atakpe, ramène les cabecères Pinocondéou, ancien médecin de Glé-Glé, Zedjivi-Mélomé et une quarantaine de femmes captives du pays des Ouatchis.

La *colonne n° 2* quitte Pété le 26 et se porte sur le Zou où elle s'arrête.

Le 28, cette colonne reçoit deux convois de ravitaillement, l'un directement de Paouignan, l'autre venu par Savalou.

La *colonne n° 3*, avec le général, a gagné Kassecroulou[1] par Setto le 26, et, le 27, elle bivouaque à Gobé.

La *colonne n° 5* retourne à Toune passant le 27 à Tokamé et le 28 à Ouétan.

Behanzin paraissant alors vouloir se réfugier dans la région comprise entre Mono et Couffo, ordre est envoyé à la colonne n° 5 d'arrêter le mouvement de descente vers la côte, — mouvement qu'elle devait commencer à cette époque — et de remonter vers le Nord.

Pour rendre sa fuite plus facile, Behanzin s'est décidé à diviser son monde en plusieurs groupes dont

______

1. Kassokhoulou sur la carte.

la majeure partie se trouve entre Djidja et Goho. La poursuite va devenir une véritable chasse à l'homme et, à chaque instant, nos reconnaissances se saisiront d'une partie de l'entourage de l'ancien roi.

La *colonne n° 1*, qui est entre Djidja et Gobé, surveille toute la région et vient camper le 5 décembre à Oumbegame.

La *colonne n° 2*, qui a reçu l'ordre de se porter sur le chemin de Djalloukou-Djidja vers le point où ce chemin coupe l'itinéraire de Behanzin, arrive sur le Couffo le 29 au moment même où Behanzin vient d'évacuer son bivouac ; elle le suit à la piste et arrive le 30 à 7 heures du matin au bivouac dahoméen de Dagbémé récemment abandonné.

Arrivée à Logo-Pa le 2, elle occupe le bivouac de Mono le 3 et le camp dahoméen de Dravo le 4. A peine est-elle installée en ce dernier point, qu'elle apprend, vers 10 heures du matin, que les Dahoméens ont fait halte, à 900 mètres du bivouac. Sans perdre une minute, la colonne lève le camp et rallie sa reconnaissance. Mais les Dahoméens, devinant le mouvement, prennent aussitôt la fuite ; nos soldats se lancent à leur poursuite et atteignent leur arrière-garde à Tarape.

Quelques coups de fusil sont échangés et le lieutenant Grandmontagne enlève aux Dahoméens des armes, quantité de bagages de l'ex-roi et de nombreux prisonniers parmi lesquels un marabout de Kétou qui servait de médecin à Behanzin et ne le quittait jamais.

Ce marabout prétend que Behanzin a failli être enlevé par les tirailleurs qui se sont, au moment où lui-même a été pris, trouvé à quelques pas à peine de l'ex-roi que rien d'ailleurs ne permet de reconnaître. A cette nouvelle, le lieutenant Vernet part avec une section noire et une escouade européenne pour suivre les Dahoméens[1].

Pendant ce temps, la *colonne n° 3* s'était, avec le général, transportée au bivouac d'Oumbégame.

Le 30 novembre, une reconnaissance détachée de cette colonne et commandée par le commandant de Cauvigny, part de Gobé à 3 heures du matin, arrive au jour au village de Guiata et là se saisit d'un grand nombre d'individus parmi lesquels un oncle et un frère de Behanzin.

Le 5 décembre la situation est la suivante :

La *colonne n° 1* est à Oumbégame et surveille les environs ;

La *colonne n° 2,* à Djidja, ferme les routes du Nord ;

La *colonne n° 3* surveille la région entre Djidja et Oumbégame ;

La *colonne n° 4* est à Tendji ;

---

1. Une reconnaissance, exécutée par le lieutenant Panier des Touches dans Zounveï-Hono, trouve 65 carabines Spencer, 15 Peabody, 13 chassepots, 2 culasses de canons Krupp, diverses munitions, entre autres 116 obus de 9%_m Krupp.

La *colonne* n° *5* occupe le pays entre Couffo et Mono.

L'Ouémé cessant d'être navigable pour les grandes pirogues en amont de Dogba, les pirogues moyennes sont mises en service.

Le magasin de Goho reste chargé d'approvisionner les trois premières colonnes ; la quatrième s'approvisionnera sur Cotopa ; en conséquence, tous les moyens de transport de la ligne Zaganado-Atchérigui sont dirigés sur Goho qui est destiné à rester le centre militaire du haut Dahomey.

Du 6 au 12, le cercle continue à se resserrer autour de Behanzin mais l'opération devient de plus en plus difficile, tous les moindres sentiers étant à fouiller et à observer.

La *colonne* n° *1* occupe Oumbégame-Vindouté-Avocanson.

La *colonne* n° *2,* en contact plus direct avec la suite de Behanzin, délivre de nombreux Nagos (500 à 600) prisonniers dans les villages et les dirige sur Oumbégame.

Le lieutenant Vernet a retrouvé la piste de Behanzin qui se dirige sur Agohon ; le 6 décembre, il s'empare de son troupeau de bœufs (45 têtes). Le 7, le capitaine Blondlat enlève par stratagème le chasseur Goudonobon qui a conduit Behanzin, et consent désormais à guider la reconnaissance ; celle-ci part aussitôt mais en arrivant à 8 heures du soir au ruis-

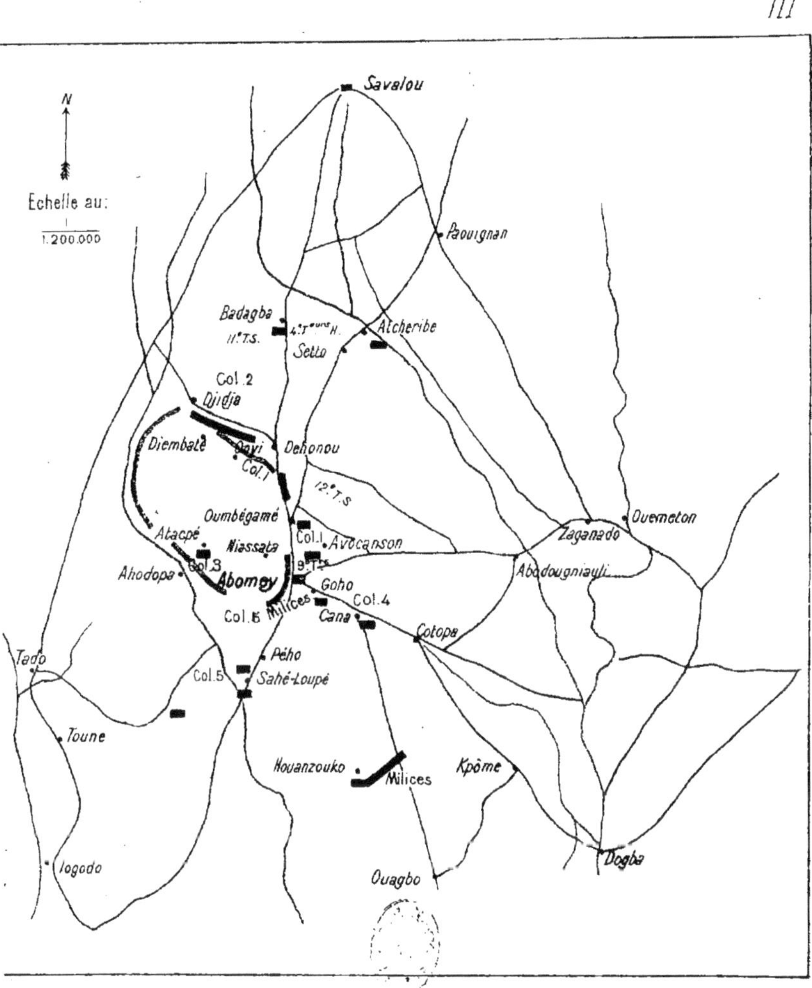

III

EMPLACEMENTS DES COLONNES AUX :

11 décembre 1893

18 décembre 1893.

seau d'Adjao elle apprend que Behanzin, lui échappant une fois encore, s'est enfui sur Pétépo.

Une seconde reconnaissance s'empare à Godopo d'un frère de Behanzin, des femmes de Glé-Glé et de celles de l'ancien roi. Les Portugais Domingo et Sabino Gomez, prisonniers de Behanzin depuis plusieurs années, viennent d'eux-mêmes se présenter au colonel Dumas.

La *colonne n° 3* se rapproche, le 8, de Djidja et prend dans la brousse le cabecère Gouflé qui, d'abord favori de Glé-Glé, avait été par celui-ci jeté en prison à la demande de Behanzin ; Gouflé ne cherche que l'occasion de se venger.

Le 11, la colonne est à Atakpe et le 12 à Sanza, s'emparant en route de cabecères réfugiés à Adema-dégon et prenant à Djodogléta un ancien Yevoghan de Ouidah et plusieurs cabecères importants. Dans les villages, nos soldats délivrent de nombreux esclaves.

Le 12, en arrivant à Detehonou, la colonne découvre quelques objets (pagnes, coussins, coupe-coupe) qui indiquent la présence de quelque important personnage. On interroge vivement le chef du village qui finit par avouer que Behanzin a passé la nuit chez lui et vient à peine de s'enfuir. Une reconnaissance s'élance aussitôt, mais elle s'engage sur une fausse piste et le chemin que les guides lui ont fait prendre se perd dans la brousse.

La *colonne n° 4* occupe toujours Tendji-Cana-Goho.

La *colonne n° 5* est encore entre Mono-Couffo ; le 9, son chef a une entrevue à Tado, avec le roi des Ad-jaas.

Et tandis que les différentes colonnes manœuvrent ainsi pour s'emparer de Behanzin, le résident d'Al-béca, sur l'ordre du commandant supérieur, vient occuper Houanzouko et le nord de la Lama avec 15 gardes civils, et les bandes d'Allada Maouzon et de Fadet, afin de couper à l'ennemi toute communication avec le Sud-Est.

A ce moment, Behanzin, paraissant vouloir s'échapper par le Nord-Ouest, ordre est donné aux chefs de bataillon Drude et de Cauvigny de le poursuivre pendant que les 11ᵉ et 12ᵉ compagnies de tirailleurs sénégalais garderont les nœuds de route d'Oumbégame et de Vaucauson.

A cette date également le ravitaillement est modifié en raison du mouvement général des troupes dont le centre se rapproche d'Abomey et aussi de la baisse des eaux qui rend difficile la navigation du haut Ouémé. La ligne de ravitaillement suivra de Dogba à Kpome, par l'Ouavime et de Kpome à Cotopa par voie de terre. Les canonnières assureront le service de Porto-Novo à Danou qu'elles ne peuvent plus dépasser tandis que les jonques chargeront en ce point et, afin d'éviter un transbordement, monteront sans rompre charge jusqu'à Kpome.

Du 13 au 20, les reconnaissances sillonnent le pays [1].

La *colonne n° 1*, pour couper les routes du Nord-Ouest reçoit l'ordre le 16 de se porter au nord de Dehonou pour se rabattre ensuite sur Djidja. Mais sur la nouvelle que Behanzin est resté aux environs d'Atakpe, ordre lui est donné de gagner directement Diembaté et le 18 elle occupe la ligne Diembaté-Onvi-Dehonou.

Dans sa marche, elle s'empare de 5 frères du roi, de 10 femmes de Glé-Glé et de plusieurs cabecères dont Zizidocoué (de Ouidah) et Zohocon, l'ancien chef de Kotonou.

La *colonne n° 2*, qui avait également remonté vers le Nord, reçoit l'ordre de s'arrêter et bivouaque à Ahodopa. Apprenant que le 12 Bocono a trouvé accueil dans ce village, le chef de la colonne fait brûler une partie des cases.

Une reconnaissance envoyée aux environs ramène

---

1. A ce moment, on adjoint aux différentes colonnes les indigènes nagos afin de faciliter les recherches dans la brousse, mais comme on les surveille attentivement pour les empêcher de piller, ils désertent dès qu'ils en trouvent l'occasion, ne comprenant pas notre façon de faire et n'admettant pas la guerre sans pillage.

Une reconnaissance exécutée à Zounveï-Houo découvre une cachette contenant : 45,000 cartouches de différents modèles, 2,160 cartouches de mitrailleuses, 1,240 cartouches de revolver, 60 boîtes à balles, 4 obus de 6%m Krupp non chargés. Tout est détruit par le feu.

le 14 de Dantepa des parents de Behanzin et le chasseur Aouïgan qui conduit l'ex-roi depuis le 4 décembre, jour où il faillit être pris.

Le 17, un autre détachement s'empare de deux femmes de Behanzin, de deux femmes d'Ymavo et de nombreux bagages, abandonnés dans la brousse.

Le 18, enfin, on apprend que Behanzin s'est réfugié à Yé et de nombreuses reconnaissances vont aussitôt sillonner les bords du Couffo.

La *colonne n° 3* avait toujours son centre à Atakpe.

Le 13, les renseignements recueillis par cette colonne laissant supposer que Behanzin est passé à Adémadégon, le capitaine Monnoye part dans cette direction, à 2 heures du matin. Mais la reconnaissance rentre sans avoir rien trouvé; c'est qu'elle a été signalée par les clochettes des féticheurs. On en déduit qu'un personnage est caché en ce village et le lieutenant Lalubin va, à 4 heures de l'après-midi, se mettre en embuscade.

Le 14, de nouveaux pièges sont tendus vers Niassata.

La *colonne n° 4* est dissoute le 16 décembre : la 10ᵉ compagnie de tirailleurs va tenir garnison à Goho et la compagnie Lemoël à Cana.

La *colonne n° 5*, qui opérait toujours dans la zone entre Couffo et Mono, est, le 13, accueillie à coups de fusil à Boasipe. L'engagement dure 20 minutes; après quoi, les habitants se retirent ayant subi des

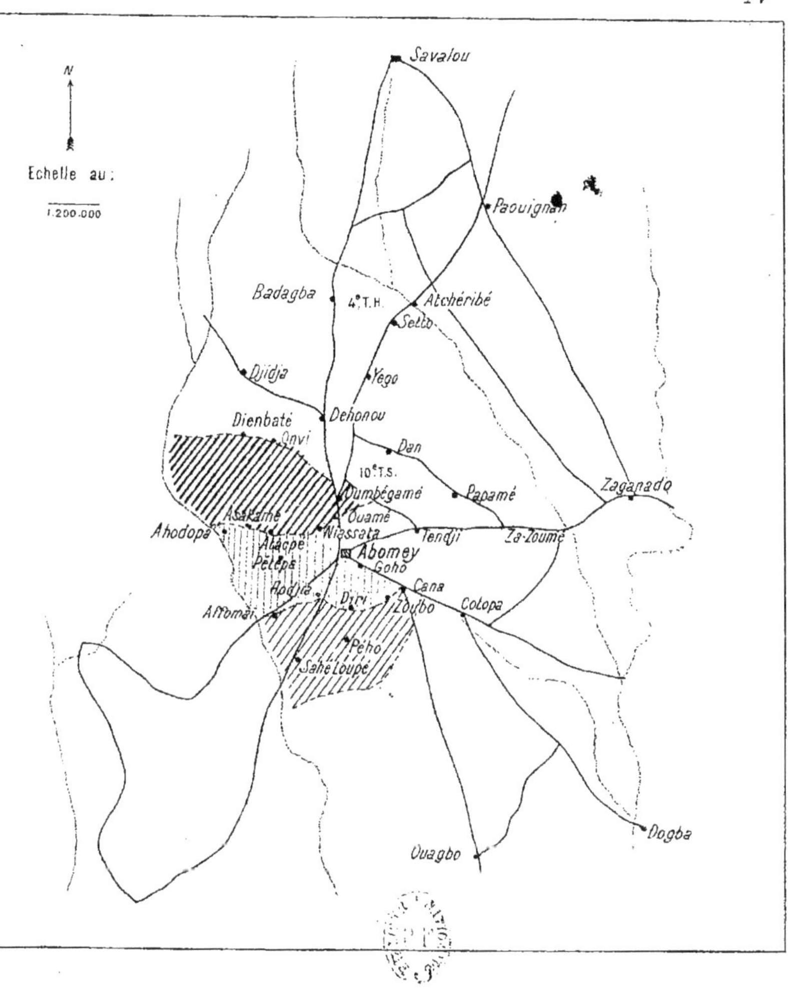

IV

EMPLACEMENTS DES COLONNES AU 20 DÉCEMBRE

Colonne 1 ———
Colonne 2 ·······
Colonne 3 ———

pertes sérieuses et après avoir brisé toutes les jarres et anéanti leur réserve d'eau. Cette affaire, qui reste inexpliquée, nous coûte 1 tirailleur tué et 1 blessé.

Au moment où le combat se termine, les gens de Toune, informés de l'attaque, accourent en armes se mettre à la disposition du commandant de la colonne.

Le 17, enfin, la colonne reçoit l'ordre de rallier Goho où ne tardera pas à la rejoindre la colonne de police. Cette dernière, sous les ordres de M. d'Albéca qui était à la recherche du chef de guerre Agbodoban, a été reçue à coups de fusil par Péché, chef de Zoumé et coussougan du roi, qui, fait prisonnier, a été aussitôt exécuté.

En raison de la poursuite incessante qui lui est donnée, Behanzin a été forcé de réduire son escorte à 3 ou 4 hamaquaires.

Atteint d'une maladie qui l'empêche de marcher, il se dissimule dans la brousse, laissant passer les reconnaissances ; dès que celles-ci l'ont dépassé, il vient coucher dans les villages que nous venons de quitter.

Dans sa fuite, il est, de village en village, guidé par des chasseurs et il a soin de renvoyer le guide qui l'a conduit avant d'appeler le suivant, de telle sorte que lorsqu'on trouve une fraction de son itinéraire, on ne connaît point, pour cela, la direction suivie.

Plusieurs fois déjà, il était arrivé que des reconnaissances envoyées par différentes colonnes s'étaient croisées, si bien que la surveillance, excessive en certains points, faisait défaut sur d'autres. Parfois aussi, des embuscades organisées échouaient par suite du passage, dans les villages qu'on voulait surprendre, de détachements appartenant à d'autres colonnes.

Pour éviter le retour de pareils faits, le général décide que, dorénavant, chaque colonne sera chargée de la surveillance exclusive d'une certaine zone (voir le croquis du 20 décembre). Chaque colonne fera occuper, par des postes, les points formant la limite nord de sa zone d'occupation, et qui sont les principaux nœuds de sentiers. La brousse sera incendiée afin de faciliter la surveillance.

Le 20, Behanzin ayant été signalé aux environs de Djidja, la 10ᵉ compagnie de tirailleurs sénégalais vient aussitôt occuper Oumbégame, Vindouté et Ouamé et la 9ᵉ compagnie de tirailleurs sénégalais se porte par Déhonou à Dona avec l'ordre de brûler les villages de Djidja, Yé, Ouamé qui ont fourni des guides à Behanzin, malgré la défense faite. En même temps, le commandant Boutin se porte avec un peloton de la 4ᵉ compagnie de tirailleurs haoussas, d'Atchérigui à Badagba.

Mais le lendemain on apprend que Behanzin a passé la nuit du 18 au 19 à Gobé ou Lesseni, et aussitôt de nouvelles dispositions sont prises.

La colonne nᵒ 5 vient prendre la place de la co-

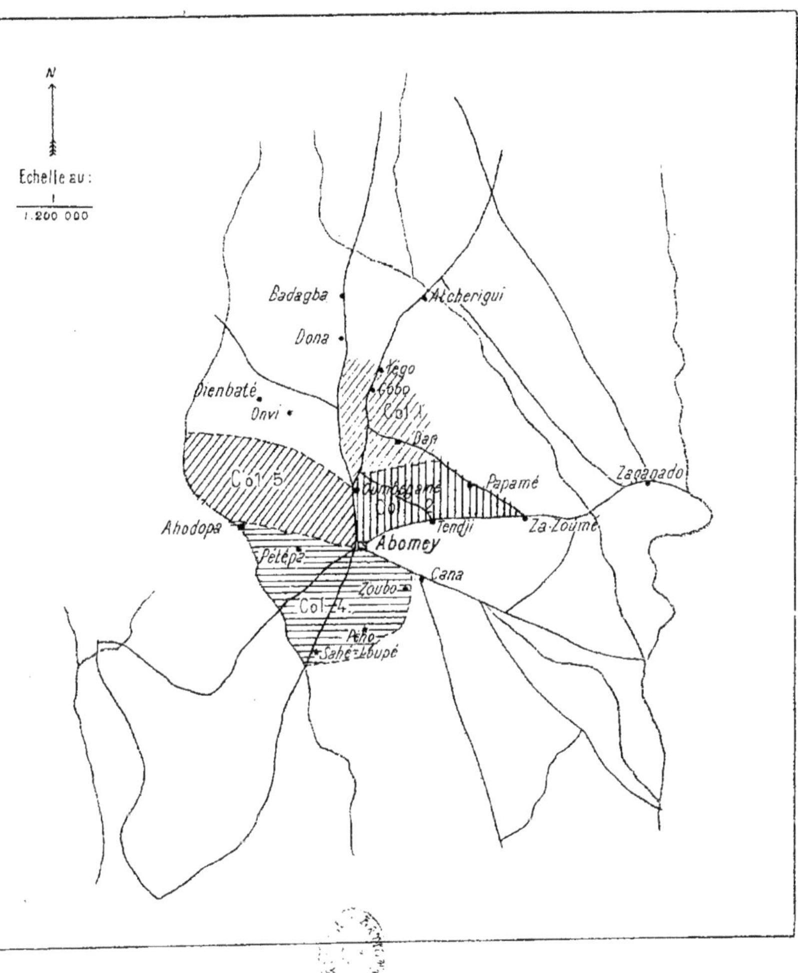

EMPLACEMENTS DES COLONNES AU 23 DÉCEMBRE 1893.

lonne nᵒ 1 et cette dernière remontant au Nord, vers Atchérigui, redescend jusqu'à hauteur d'Oumbégame, sa droite appuyée à la route Atchérigui-Abomey et sa gauche au Zou. Dans son mouvement, cette colonne nᵒ 5 (capitaine de Curzon) enlève, le 22, à Cozoukame, un frère de Behanzin.

Ce dernier cependant semble vouloir gagner l'Est et peut-être redescendre ensuite. Il importe donc de lui barrer les routes du Sud, et l'emplacement des colonnes est encore modifié.

Au 23, la colonne nᵒ 1 occupe la zone Oumbégame, Dan, Yégo, Déhonou ; la colonne nᵒ 2 passe à l'Est et tient la zone Oumbégame, Papamé, Zagoumé-Tendji-Abomey, son chef, le colonel Dumas, étendant sa surveillance jusqu'au Zou. Les colonnes 3 et 5 se partagent la zone comprise entre le Couffo et la ligne Déhonou-Abomey-Cana. — Tous les postes sont reliés par des patrouilles et reconnaissances.

Le 25, le général se décide à faire interner à Cotonou les ministres Ymavo et Alladahé dont on ne peut rien tirer. Interrogés à diverses reprises, ils n'ont cessé d'accumuler mensonges sur mensonges, même sur les sujets les plus insignifiants ; c'est, nous l'avons dit, un vieil usage chez les Dahoméens.

Le 29, la piste de Behanzin qui avait été perdue est retrouvée ; il s'était caché dans la brousse aux environs de Lesseni. Chassé par l'incendie méthodique des fourrés et par les reconnaissances et patrouilles du

1er groupe, il s'est rejeté sur Sakété[1], paraissant se diriger vers Dona. Informé du fait, le commandant Boutin quitte Badagba et se porte au-devant de lui, à Djidja et Cozoukame.

Le 30, la colonne n° 5 faillit s'emparer de Behanzin qui n'échappa que grâce à la négligence d'un caporal de tirailleurs sénégalais.

Le lieutenant Le Nulbrec, commandant le poste d'Ouvi, avait envoyé sur Oumbégame une patrouille commandée par un caporal de la 1re compagnie de tirailleurs sénégalais. A 2 kilomètres d'Aiobe et à 4 heures du matin, la patrouille rencontre 4 indigènes portant un hamac et marchant dans le même sens que la reconnaissance.

A la vue du détachement de tirailleurs sénégalais qui les suit, les hamaquaires s'arrêtent ; mais le caporal continuant sa marche refuse de s'en emparer, malgré les protestations de ses hommes, et bientôt le hamac est perdu de vue. A n'en pas douter, l'homme ainsi porté était Behanzin, car nul autre que lui ne pouvait à pareille heure se promener dans la brousse, surtout en hamac. Ce défaut de perspicacité valut au caporal la perte de son grade et retarda de quelques jours la prise de Behanzin. Et cependant dès que la nouvelle était parvenue au camp, on avait, en hâte, envoyé

---

1. Il y a deux Sakété, l'un situé près de la frontière anglaise, l'autre situé à l'est de Dona.

des reconnaissances et des patrouilles et la colonne n° 1 s'était portée tout entière sur Agbolapa où Behanzin était signalé. Mais ce fut en vain, les recherches restèrent infructueuses.

Le 31, la colonne n° 3 arrêtait toutefois, à Tégondo, un chasseur dahoméen et l'ancien chef de Sahé.

Élection du roi du Dahomey. — Fidèle à son idée de trouver à Behanzin un successeur ayant quelque autorité et en qui nous puissions avoir une véritable confiance, le général Dodds avait, au cours des opérations, fait interner à Zaganado les chefs, les princes et les parents de Behanzin, qui avaient fait leur soumission ou qui, pris dans la brousse, n'avaient pas opposé de résistance. Seuls, deux ou trois ministres, les plus dangereux et les plus remuants, avaient été envoyés à Cotonou pour être dirigés plus tard sur le Gabon.

Dans le courant de décembre, pensant que le vrai moyen de s'emparer de Behanzin était de le faire chercher et poursuivre par un successeur ayant tout intérêt à s'en débarrasser, le général avait donné l'ordre de faire venir à Goho tous les chefs internés à Zaganado et il avait, en même temps, convoqué, par l'intermédiaire des commandants de colonnes tous les chefs de village, en vue de procéder à l'élection d'un roi du Dahomey.

Une autre mesure s'imposait également ; Abomey

avait été complètement détruit au moment de la fuite de Behanzin et il était nécessaire d'y élever quelques constructions afin de donner dès les premiers jours une résidence convenable au roi qu'on allait proclamer. D'autre part le poste de Goho était mal situé et un emplacement soigneusement étudié fut choisi à l'ouest d'Abomey.

Des corvées des villages voisins se mirent immédiatement à l'œuvre et le travail de reconstruction de la ville et du poste avança rapidement.

Le 5 janvier, voulant hâter la pacification et donner aux populations connaissance de la nouvelle situation du pays, le commandant supérieur décréta le partage de l'ancien Dahomey en deux royaumes, et lança le 13 une proclamation aux habitants.

DIVISION DE L'ANCIEN ROYAUME D'ABOMEY EN DEUX ROYAUMES (ABOMEY-ALLADA)

DÉCLARATION

Nous, Général de brigade, commandant supérieur des Établissements français du Bénin, grand-officier de la Légion d'honneur,

En vertu des pouvoirs qui nous ont été conférés,

Déclarons :

I. Est acceptée la soumission des princes, cabecères, chefs et habitants du Dahomey.

II. Sont détachés du Dahomey sur leur demande et placés sous le protectorat de la France, les pays des Mahis, des Dassa, et les confédérations Nagos et autres de la rive gauche de l'Ouémé, dont les territoires avaient été annexés par la force.

III. Pour donner satisfaction aux vœux des populations, est reconnue la division du Dahomey proprement dit en deux royaumes indépendants ayant respectivement pour capitales Abomey et Allada.

IV. Le royaume d'Abomey comprend le pays situé entre le Couffo à l'Ouest, la région des Mahis au Nord, l'Ouémé à l'Est, la Lama au Sud.

V. Le royaume d'Allada comprend le pays situé entre le Couffo et l'Ahémé à l'Ouest, le royaume d'Abomey au Nord, l'Ouémé en amont de Dogba et la rivière de Sô à l'Est, le territoire annexé au Sud.

VI. La désignation des premiers rois d'Abomey et d'Allada sera faite par les chefs de ces royaumes réunis en assemblée générale, et soumise à l'approbation du Gouvernement français.

VII. Les royaumes d'Abomey et d'Allada sont placés sous le protectorat de la France.

VIII. Des traités détermineront ultérieurement les relations politiques et commerciales qui devront exister entre le représentant du Gouvernement de la République et les nouveaux souverains, ainsi que les conditions suivant lesquelles s'exercera le protectorat de la France.

Fait à Abomey (Goho), le 5 janvier 1894.

A. DODDS.

PROCLAMATION DU GÉNÉRAL AUX HABITANTS DE L'ANCIEN ROYAUME DU DAHOMEY

A la suite d'événements de guerre, qui viennent d'avoir lieu dans le Haut-Dahomey, le pays va être reconstitué. Le territoire de la côte, dont l'annexion a été prononcée, reste bien entendu français.

L'indépendance est rendue aux populations du Nord (pays des Mahis et de Dassa).

L'ancien Dahomey formera deux royaumes indépendants, ayant respectivement pour capitales Abomey et Allada.

Un roi sera mis à la tête de chacun d'eux.

Les princes et les chefs, réunis à Goho, ont déjà présenté un roi pour remplacer, à Abomey, Condo détrôné par la France et aujourd'hui abandonné de tous.

Le général invite les chefs du Sud à se réunir à Allada pour désigner leur roi.

Leur choix, qui sera soumis à l'approbation du Gouvernement français, portera soit sur un chef de leur race, dont l'autorité puisse être facilement acceptée par les habitants, soit à défaut sur un prince de la famille royale du Dahomey, dont la sagesse et les capacités leur seraient connues.

Le général signale à leur attention les princes dont les noms suivent :

Pobosan, Sefolilé, Zodubedjé, Séclamé.

Les ministres du nouveau roi seront tous choisis parmi les chefs les plus capables, originaires du nouveau royaume d'Allada.

Aucun ne pourra être pris parmi les originaires du royaume d'Abomey.

Le nouveau royaume d'Allada est placé sous le protectorat de la France, comme toutes les autres parties de l'ancien royaume du Dahomey, qui est disloqué.

Dès que le roi sera nommé et aura été reconnu par la France, un traité fixera les conditions de ce protectorat.

Salut !

Ouidah, le 13 janvier 1894.

Le Général, commandant supérieur,
Signé : DODDS.

Enfin le 15 janvier, en présence de toute la population réunie, le pavillon français, arboré sur le pavillon Simbodji, fut salué par des salves d'artillerie et par les troupes rassemblées.

A l'unanimité des princes et des chefs, Gouthili, fils de Glé-Glé, fut désigné pour succéder à Behanzin et solennellement proclamé roi du Dahomey sous le nom de Ago-li-Agbo, c'est-à-dire : « France corps d'armée tient Dahomey ». Le nouveau roi prenait pour devise : « Race Allada a trébuché, mais soutenue par France avant chute. »

Gouthili avait jadis été choisi par Glé-Glé pour lui succéder, mais Behanzin, déjà tout-puissant, avait, à la mort de son père, eu soin de le faire écarter.

Le nouveau roi, faisant immédiatement une proclamation conforme à son nom et à sa devise, fut acclamé par la population qui voyait en lui la délivrance et l'espoir d'une ère de prospérité !

RECONNAISSANCE DU ROI D'ABOMEY.

Le quinze janvier mil huit cent quatre-vingt-quatorze, à huit heures du matin, les princes, cabecères et chefs du Haut-Dahomey, réunis sur la place du palais de Simbodji, à Abomey, ont proclamé roi d'Abomey, sous le nom d'Ago-li-Agbo, le prince Gouthili, fils du défunt roi Glé-Glé.

Le général de brigade, commandant du corps expéditionnaire et commandant supérieur des Établissements du Bénin, grand-officier de la Légion d'honneur, après avoir fait arborer au palais de Simbodji le drapeau français et l'avoir fait saluer de 21 coups de canon, a reconnu le nouveau roi au nom du Gouvernement de la République française et déclaré le royaume d'Abomey placé sous le protectorat de la France.

Les honneurs militaires ont été ensuite rendus au roi d'Abomey.

Fait et signé à Abomey, les jour, mois et an que dessus.

Le Général de brigade, commandant supérieur,

A. DODDS.

(Marque du roi.)

(Suivent les signatures des témoins.)

Prise de Behanzin. — En apprenant à la fois le peu de succès de l'ambassade qu'il avait envoyée en France et l'enthousiasme qui avait accueilli la nomination de son successeur, Behanzin offrait un dernier holocauste aux mânes de son père ; il sacrifiait sur les bords du Couffo ses principales femmes, de nombreux habitants de Ouidah, et même les enfants de son frère Egbo qu'il avait fait jeter en prison à Atchérigui et qu'il avait pu entraîner dans sa fuite.

Ces hécatombes ne lui apportèrent point le moyen de se soustraire à nos incessantes recherches et le 25 janvier, après avoir échappé de quelques minutes à peine à une surprise de la colonne Drude, se sentant d'ailleurs abandonné par la population, maintenant ralliée autour du nouveau roi, Behanzin se remettait sans conditions entre nos mains.

Une compagnie envoyée immédiatement pour s'emparer de sa personne le trouva, sur les indications d'Ago-li-Agbo, au village d'Acachaepa, près de Yego, et le ramena à Abomey.

La guerre au Dahomey était finie.

L'action du nouveau roi, dit le général, s'est immédiatement affirmée. Il a rallié autour de lui les populations éparses, fait rentrer quelques chefs encore cachés, nous a fourni des porteurs et enfin a concouru très puissamment à la prise de Behanzin.

Dès que ce dernier a été entre nos mains, la famille royale l'a, pour ainsi dire, excommunié en punition de ses crimes et de sa conduite envers son pays ; cette sentence, qui lui a été signifiée solennellement par deux vieillards au nom de la famille entière, paraît avoir entraîné la désertion de deux princes, qui jusqu'à présent ne l'avaient pas abandonné, et de ses femmes.

Le nouveau roi, voulant entretenir avec les peuples voisins des relations amicales, pria le commandant supérieur d'emmener son fils à la côte afin de donner aux populations une preuve matérielle de son entente avec la France. Il envoya lui-même un de ses principaux cabecères pour saluer Toffa et lui faire des ouvertures d'amitié. Sans doute, le nouveau roi ne devait pas être absolument satisfait de la perte du riche pays d'Allada, mais il s'y soumit cependant, montrant ainsi qu'il se faisait une juste idée des nécessités de la situation.

ÉLECTION DU ROI D'ALLADA

Les chefs de la région d'Allada, dit en effet le général, ont refusé très énergiquement d'être gouvernés par un roi de la race d'Abomey. Leurs suffrages se sont portés à l'unanimité sur le dernier descendant de leurs anciens rois. Ce roi Gi-gla a été reconnu le 4 février. Il est d'un certain âge, mais paraît entouré d'un grand respect de la part des chefs secondaires.

La reconnaissance du royaume d'Allada fut, le 4 février, officiellement constituée en ces termes :

Le quatre février mil huit cent quatre-vingt-quatorze,

à huit heures du matin, les cabecères et chefs du Bas-Dahomey, réunis sur la place du palais, à Allada, ont proclamé roi d'Allada, sous le nom de Gi-gla-no Don-Gbé-nou-Maou, le prince Ganhou-Hougnon, représentant de la famille royale d'Ardres et descendant direct de Meji, dernier roi de ce pays.

Le général de brigade Dodds, commandant du corps expéditionnaire et commandant supérieur des Établissements français du Bénin, grand-officier de la Légion d'honneur, après avoir fait arborer au palais d'Allada le drapeau français et l'avoir fait saluer de vingt et un coups de canon, a reconnu le nouveau roi, au nom du Gouvernement de la République française, et déclaré le royaume d'Allada placé sous le protectorat de la France.

Les honneurs militaires ont été ensuite rendus au roi d'Allada.

Fait et signé à Allada les jour, mois et an que dessus.

Le Général de brigade, commandant supérieur,
DODDS.

(Marque du roi.)

Traités passés avec les souverains du golfe du Bénin. — En même temps que de nouveaux monarques étaient donnés aux populations de l'ancien royaume du Dahomey, des traités de paix étaient élaborés et officiellement échangés de façon à garantir nos intérêts dans ces pays nouvellement ouverts à la civilisation.

Signés avec les rois d'Abomey et d'Allada, le 29 janvier et le 4 février 1894, ces traités furent revêtus de la signature de témoins nombreux qui en garantissent l'authenticité et nous mettent en droit d'espérer qu'ils ne seront pas reniés plus tard comme le furent ceux que les représentants de Behanzin avaient conclus avec la France en 1890.

TRAITÉ AVEC LE ROI D'ABOMEY

Au nom de la République française,

Entre le général de brigade Dodds, commandant supérieur des Établissements français du Bénin, grand-officier de la Légion d'honneur, d'une part,

Et Ago-li-Agbo, roi d'Abomey, d'autre part, a été conclu le traité suivant :

Art. 1er. — Le roi et les habitants du royaume d'Abomey se placent sous le protectorat et la suzeraineté de la France.

Art. 2. — Le gouverneur des Établissements français du Bénin est chargé de l'exercice du protectorat ; il est représenté à Abomey par un délégué qui prend le titre de vice-résident.

Art. 3. — Le royaume d'Abomey a pour limites : au Nord le petit Couffo, le Zou, le Paco, le village et les terrains de culture de Gounsoué qui dépendent de ce royaume ; à l'Est, l'Ouémé ; au Sud, une ligne brisée passant par les villages de Tandji, Dassa, Kissa, Aevéji, Alaba, Lomé, Massi, Han, Aoudjanitomé, tous ces villages faisant partie, ainsi que leur territoire, du royaume d'Abomey ; à l'Ouest, le Couffo.

Toutefois les villages dahoméens de Lahomé, Tocamo, Donkéta, Aglaglé, Arobia, Dodgi, Azaugbé, Adjasagou, Lali, Acocogia, Bota, situés sur la rive droite, restent dépendants du royaume d'Abomey.

Le cours de l'Ouémé et celui du Couffo demeurent neutres dans toute leur étendue.

Art. 4. — Le roi d'Abomey renonce en son nom et au nom de ses successeurs à toutes prétentions sur les territoires situés en dehors des limites définies par l'article précédent.

Art. 5. — La désignation des futurs rois d'Abomey sera faite conformément aux usages en vigueur dans ce pays et soumise à l'approbation du Gouvernement de la République française.

Art. 6.—Le roi exerce son autorité sur ses sujets d'après les lois et usages du pays; toutefois, il s'engage à interdire le commerce des esclaves et à abolir toutes pratiques ou coutumes ayant pour résultat des sacrifices humains.

Art. 7. — En aucune circonstance et sous quelque prétexte que ce soit, le roi ne pourra faire acte d'autorité sur les étrangers, Européens ou indigènes de passage ou en résidence dans le pays.

Toute contestation entre un habitant du royaume d'Abomey et un étranger, Européen ou indigène, sera soumise au vice-résident de France à Abomey, sauf appel devant le gouverneur des Établissements français du Bénin.

Art. 8. — Le commerce se fera librement.

Le roi s'engage à tenir ouvertes les routes entre son

pays et les régions voisines, à prendre toutes les mesures nécessaires pour favoriser l'exportation des produits et le développement des cultures.

Il n'exigera aucun droit, ni coutume de la part des commerçants qui viendront s'établir dans son pays avec l'autorisation du Gouvernement français.

Art. 9. — En retour, les habitants du royaume d'Abomey pourront circuler librement dans tous les pays administrés directement ou protégés par la France, faire séjour et s'y livrer à des opérations de commerce. Ils recevront aide et protection des autorités françaises, conformément aux lois en vigueur.

Art. 10. — Le roi ne pourra entreprendre aucune opération de guerre sans l'autorisation du Gouvernement français.

Art. 11. — Aucune concession de terre ne pourra être accordée dans le royaume d'Abomey sans l'autorisation du Gouvernement français.

Art. 12. — La France aura le droit de faire des établissements de toute nature, d'exécuter tous travaux d'utilité publique, lignes télégraphiques, voies de communication (routes, canaux, chemins de fer, etc.).

Art. 13. — Le roi garantit le respect de la propriété ainsi que la sécurité des biens et des personnes.

Art. 14. — Des écoles françaises pourront être ouvertes dans tous les centres de population. Le roi en favorisera l'établissement et usera de son influence pour propager la langue française et répandre l'instruction dans le pays.

L'école d'Abomey sera fréquentée par les enfants de la famille royale.

Art. 15. — Tous les traités antérieurs conclus avec ou par les rois de Dahomey sont annulés.

Art. 16. — Le présent traité, fait en triple expédition, ne deviendra définitif qu'après l'approbation du Gouvernement de la République française.

Fait à Abomey le vingt-neuf janvier mil huit cent quatre-vingt-quatorze.

(Marque du roi.)   *Signé :* A. DODDS.

Ont signé comme témoins :

NIGLA, migan ;
ZOMPACON, vilon ;
AKENDATI, méro ;
TOPA, mélé.

PRINCES :

SAON-GUESOÉJÉ, fils de Guéso.

GANLO-ALLADOPONOUGAN, fils de Guéso ;

IMAVÉDORNON-AHÉHÉNOU, fils de Guéso ;

AKBAMA-SOUBANON-NOHIBAMÉ, fils de Guéso ;

AGBOBADJI-YAMOYBE, fils de Guéso ;

JOGBE-KINILOGOUN, fils de Guéso ;

E. TAVERNA, chef de bataillon d'infanterie, chef d'état-major de la colonne expéditionnaire ;

BOUTIN, chef de bataillon d'infanterie de marine, commandant le poste de Goho ;

A. L. D'ALBÉCA, administrateur colonial, directeur des affaires politiques et indigènes ;

NESTY, commissaire colonial, commissaire de la colonne expéditionnaire ;

PITAULT, capitaine d'artillerie de marine ;

VALETTE, capitaine d'infanterie de marine, état-major de la colonne expéditionnaire ;

FONSSAGRIVES, capitaine d'infanterie

HOUCHÉRITÉ-INOYODE, fille de Glé-Glé ;

OUON-COCRO-CACRA, fils de Glé-Glé ;

GAMBÉ-SEPHOLILE, fils de Glé-Glé ;

SOJEBEAJI, fils de Glé-Glé.

de marine, état-major de la colonne expéditionnaire ;

L. GARINEAU, lieutenant d'infanterie de marine, officier d'ordonnance ;

BRONDY, aide-vétérinaire de l'armée ;

MARTEL, médecin de 2e classe de la marine ;

MICHEL, aide-commissaire colonial ;

CANDÈZE, capitaine d'artillerie de marine ;

DRUDE, chef de bataillon d'infanterie de marine, commandant le 1er groupe de la colonne expéditionnaire ;

DE PIGNER, capitaine d'infanterie de marine ;

GRAMAT, lieutenant au 2e étranger, état-major de la colonne expéditionnaire.

TRAITÉ AVEC LE ROYAUME D'ALLADA

Au nom de la République française,

Entre le général de brigade Dodds, commandant supérieur des Établissements français du Bénin, grand-officier de la Légion d'honneur, d'une part,

Et Gi-gla-no Don-Gbé-nou-Maou, roi d'Allada, d'autre part,

A été conclu le traité suivant :

Art. 1er. — Le Gouvernement de la République française, pour donner satisfaction aux vœux unanimes et réitérés des cabecères, chefs et populations du Bas-Dahomey, reconnaît la reconstitution de l'ancien royaume d'Ardres en un État indépendant, sous le nom de royaume d'Allada.

Le royaume d'Allada a pour limites : au Nord, la frontière du royaume d'Abomey (ligne brisée passant par les villages de Tandji, Dassa, Kissa, Aevéji, Alaba, Lomé, Massi, Han, Aouandjitomé qui appartiennent au royaume d'Abomey) ; à l'Ouest, le Couffo et l'Ahémé ; au Sud, le territoire annexé ; à l'Est, l'Ouémé, d'Aouandjitomé à Dogba, l'Ouavime jusqu'à son confluent avec la rivière de Sô, enfin cette rivière jusqu'à la limite des territoires annexés.

Art. 2. — Le Gouvernement de la République française reconnaît comme roi d'Allada, le prince Ganhou-Hougnon élu par les cabecères, chefs et habitants et qui prend à son avènement le nom de Gi-gla-no Don-Gbé-nou-Maou.

Art. 3. — Le roi, les cabecères et les chefs d'Allada se placent sous le protectorat et la suzeraineté de la France.

Le gouverneur des Établissements français du Bénin est chargé de l'exercice du protectorat et peut être représenté par un délégué résidant soit à Allada, soit à Ouidah.

Art. 4. — Les successeurs du roi d'Allada seront élus par les cabecères et chefs réunis en assemblée générale à Allada et agréés par le Gouvernement de la République française.

Art. 5. — Le roi exerce son autorité et administre le pays d'après les lois et usages en vigueur, toutefois la traite des esclaves et les sacrifices humains sont interdits.

Art. 6. — En aucune circonstance et sous quelque prétexte que ce soit, le roi ne pourra faire acte d'autorité sur les étrangers, Européens ou indigènes de passage ou en résidence dans le pays. Toute contestation entre un habitant du royaume d'Allada et un étranger, Européen ou indigène, sera soumise aux autorités françaises.

Art. 7. — Les droits et impôts établis dans le pays par le roi sont soumis à l'approbation du gouverneur des Établissements français du Bénin, chargé de l'exercice du protectorat.

Toutefois aucun droit ni coutume ne peut être exigé des commerçants qui viendront s'établir dans le royaume d'Allada avec l'autorisation du Gouvernement français.

Art. 8. — La libre circulation sera assurée sur les routes à tous les produits ou marchandises à destination ou en provenance des comptoirs français, ainsi qu'à tous les commerçants ou voyageurs protégés par la France qui voudront traverser le royaume d'Allada.

Le roi et les chefs s'engagent à leur donner aide et protection en toute circonstance.

Art. 9. — En retour, les habitants du royaume d'Allada pourront circuler librement dans tous les pays administrés directement ou protégés par la France, y faire séjour et s'y livrer à des opérations de commerce.

Ils recevront aide et protection conformément aux lois en vigueur.

Art. 10. — Le roi ne pourra entreprendre aucune opération de guerre sans l'autorisation du Gouvernement français. Toute contestation entre le royaume d'Allada et les États de protectorat limitrophes sera réglée par le gouverneur des Établissements français du Bénin.

Art. 11. — Aucune concession de terre ne pourra être accordée dans le royaume d'Allada sans l'autorisation du Gouvernement français.

Art. 12. — Le roi garantit le respect de la propriété ainsi que la sécurité des biens et des personnes.

Art. 13. — La France aura le droit de faire des établissements de toute nature, d'exécuter tous travaux d'utilité publique, lignes télégraphiques, voies de communication (chemins de fer, routes, canaux, etc.).

Art. 14. — Des écoles françaises pourront être ouvertes dans tous les centres de population. Le roi en favorisera l'établissement et usera de son influence pour protéger la langue française et répandre l'instruction dans le pays.

Art. 15. — Tous les traités antérieurs conclus par les rois de Dahomey, anciens possesseurs du pays, sont annulés.

Art. 16. — Le présent traité, fait en triple expédition, ne deviendra définitif qu'après l'approbation du Gouvernement de la République française.

Fait à Allada le quatre février mil huit cent quatre-vingt-quatorze.

(Marque du roi.)   *Signé :* A. DODDS.

Ont signé comme témoins :

Kori, chef de Tory ;
Alladamanzou, chef de Coussy ;
Seco, chef de Ouésumé ;

E. Taverna, chef de bataillon d'infanterie, chef d'état-major du corps expéditionnaire ;
A. d'Albéca, administrateur colo-

Ajide, chef de Doji ;

Arnonsonga, chef de Décamé ;

Abajigan, chef de Hemi ;

Tognon, chef de Sé ;

Atinto, chef d'Allada ;

Padonou, chef d'Allada ;

Aipou, chef d'Azohé ;

Abota, chef du petit Ouagbo ;

Amousoupé, chef de Ouagbo ;

Depou, chef de Dodome ;

Capoahe, chef d'Aïon ;

Adamou, chef d'Ekpe ;

Ahognon, chef de Ouesumé ;

Houndotové.

nial, directeur des affaires politiques et indigènes ;

L. Garineau, lieutenant d'infanterie de marine, officier d'ordonnance du général commandant en chef ;

Noel, capitaine d'infanterie de marine, commandant le poste d'Allada ;

Valette, capitaine d'infanterie de marine, état-major de la colonne expéditionnaire ;

Fonssagrives, capitaine d'infanterie de marine, état-major de la colonne expéditionnaire ;

Fleury, lieutenant d'infanterie de marine ;

Nocquel, capitaine d'infanterie de marine ;

Caillau, lieutenant d'infanterie de marine ;

Franceries, lieutenant d'artillerie de marine ;

Vandescal, lieutenant d'artillerie de marine ;

Geoffroy, lieutenant d'artillerie de marine.

Résultats généraux de la campagne. — Pour apprécier les résultats de la campagne, on ne peut mieux faire que de s'en référer aux rapports du commandant supérieur.

L'organisation politique et territoriale du pays a été, dit-il, complétée par la déclaration d'indépendance faite par l'autorité française en faveur des nombreux petits États qui s'étendent d'une frontière à l'autre au nord du Dahomey proprement dit.

Les rois du Dahomey avaient peu à peu imposé leur suzeraineté à tous ces petits royaumes mahis et nagos ; la France, en forçant les anciens oppresseurs à rentrer dans leurs limites normales et en rendant son indépendance à chacun des petits peuples opprimés, s'est assurée, on peut l'espérer, autant d'amis reconnaissants et dévoués. C'est pourquoi les missions [1] envoyées chez ces peuples du Nord ont reçu partout un accueil très chaleureux.

Il est permis d'assurer que c'est très volontiers et avec reconnaissance que tous les souverains visités ont accepté et signé des traités de protectorat avec les représentants de la France.

Les missions dont il s'agit ont rapporté des traités signés avec les rois des confédérations mahis de Savalou, de Djallakou, de Dassa, de Paouignan, de Ouessé, avec les royaumes nagos de Savé et de Kétou.

. . . .

---

1.   NOMS DES OFFICIERS ENVOYÉS EN MISSION

Capitaine d'infanterie de marine Pentel, envoyé auprès de Baguidi, chef de la confédération des *Mahis de Savalou ;*

Lieutenant d'infanterie de marine Guérin, envoyé auprès de Zoumaon, chef de la confédération des *Dassas ;*

— envoyé auprès de Adamadurudje, chef de la confédération des *Mahis de Paouignan ;*

— envoyé auprès de Datongi, chef de la confédération des *Mahis d'Ouessé ;*

— envoyé auprès de Séki, chef de la confédération des *Nagos de Savé ;*

Lieutenant d'infanterie de marine Aubé, envoyé auprès de Odon, roi de la confédération des *Nagos de Kétou.*

La nouvelle de la capture de Behanzin parvenue aux missions au cours de leur voyage chez les peuples du Nord a puissamment aidé à leur succès et a provoqué partout un grand enthousiasme.

Délivrés de la crainte et de l'appréhension continuelles que leur causait le voisinage dangereux des Dahoméens, ces pays jouissent aujourd'hui d'une tranquillité parfaite ; la confiance en l'avenir renaît partout, les habitants rentrent, les cases se rétablissent, partout on se dispose à cultiver.

Le protectorat de la France s'étend aujourd'hui d'une manière effective jusqu'au 8°,30 de latitude nord et dans tous ces territoires largement ouverts à notre influence et à notre commerce, le Français peut être assuré d'être accueilli partout en ami, en libérateur.

Bien qu'une tranquillité absolue régnât dans tous les territoires annexés et dans nos anciens protectorats des Popos et de Porto-Novo, il n'en était pas tout à fait de même à l'Ouest, chez les populations Ouatchés et Adjaas, s'étendant au nord des Popos entre Mono et Cousso et, à l'Est, dans le pays compris entre l'Ouémé et la frontière anglaise et limités au Sud par le royaume de Porto-Novo, au Nord par celui de Kétou.

Les Ouatchis et les Adjaas surtout, dit le général, sont des gens remuants et indisciplinés qui, sans contester, ouvertement du moins, la haute influence de la France dans le pays, prétendent vivre tout à fait indépendants et veulent échapper à toute autorité quelle qu'elle soit.

Grâce aux mesures prises, les troubles furent sans importance et n'eurent pas de répercussion au dehors.

Une bande de pillards fut détruite dans le haut Mono par une patrouille du poste d'Allada et par la garde civile de Grand-Popo, pendant que le chef Athiéiné faisait saisir 6 des principaux agitateurs de la région.

Un heureux événement acheva de pacifier le pays : le prince Pogbosan, qui avait emmené avec lui, sur la rive droite du Cousso, deux fils de Behanzin, voulut faire de l'opposition au nouveau roi. Ago-li-Agbo le fit arrêter et enfermer dans Abomey.

Quant à la région de Kétou, où plusieurs déserteurs haoussas cherchaient à exploiter la population du haut Ouémé, le calme ne tarda pas à y être rétabli, le général ayant fait capturer les perturbateurs. La région fut érigée en cercle et gouvernée par un administrateur dont la résidence fut établie à Sagon.

Enfin, dans le pays même de Porto-Novo, commençaient à se faire jour, parmi les membres mêmes de la famille du roi, des sentiments de jalousie d'autant plus dangereux qu'ils dénotaient moins de la haine envers Toffa que de l'hostilité à l'influence française. Pour couper court à ce commencement de révolte, le général fit arrêter à Gome, sur la demande même du roi, les princes qui essayaient de troubler le pays, empêchaient les populations de rentrer et enfin affichaient

à l'égard de la France des sentiments peu bienveil-
lants.

Il ne résulte pas de ce qui précède, dit le général, qu'il
ne se tirera jamais un coup de fusil dans le pays compris
entre la mer et les montagnes de Savalou. Le brigandage
est fréquent dans le pays des Ouatchis placé depuis longtemps sous notre protectorat. Les haines locales, les hostilités des races les unes contre les autres peuvent amener
des incidents, mais ils ne peuvent avoir du moins maintenant et si l'on ne fait pas naître des complications aujour-
d'hui militairement impossibles, d'autre importance que
celle qu'ils ont dans le royaume de Porto-Novo par exemple. Ce sont des faits du domaine de la police et que la
garde civile suffit à réprimer si elle est convenablement
employée, convenablement recrutée, convenablement
commandée et si, enfin, elle sent, le cas échéant, qu'elle
sera soutenue par des troupes régulières.

. . . .

Les territoires protégés ont, pendant toute la durée des
opérations, joui de la tranquillité la plus absolue malgré
les renseignements fantaisistes qui ont été publiés par les
journaux à cet égard.

La rentrée des esclaves et des anciens prisonniers de
Behanzin, libérés par nous [1], la nouvelle de la prise même

---

1. Les Nagos, qui s'étaient établis autour de nos postes et
qui étaient d'anciens esclaves des Dahoméens, furent renvoyés
dans leur pays (Ouidah, Porto-Novo, Kétou) ainsi que plusieurs
milliers d'esclaves venus, au cours des opérations, se réfugier
sous notre drapeau. Ces gens n'auraient pas manqué, après
notre départ, d'être de nouveau réduits en esclavage par leurs
anciens maîtres.

de l'ex-roi, ont produit, sur le roi Toffa et les populations de la côte, en particulier celle de Ouidah, une impression considérable.

Tels sont les résultats politiques de la campagne qui vient de s'achever.

L'autorité de la France s'est affermie moralement comme matériellement sur les territoires annexés à la suite de la campagne de 1892, territoires qu'il n'a pas paru utile d'accroître.

L'influence française s'étend librement jusqu'aux montagnes de Savalou et il n'existe plus aucun obstacle à son expansion et au développement du commerce national.

Le terrain est donc aujourd'hui suffisamment préparé pour que l'administration civile puisse développer ces germes de civilisation.

IIIe PARTIE

L'ORGANISATION CIVILE DU DAHOMEY

———

Dès le mois de septembre 1893, le gouvernement civil avait été d'ailleurs complètement organisé par le général Dodds de façon à rendre la transition pour ainsi dire insensible. Les documents ci-après en font foi :

ORGANISATION DES SERVICES CIVILS

Nous, Général de brigade, commandant supérieur du Bénin, grand-officier de la Légion d'honneur,

Vu la décision présidentielle du 30 avril 1892 ;
Vu le décret du 10 mars 1893 ;
Vu l'arrêté local du 3 juillet 1893 ;
Vu les nécessités du service ;
Le conseil d'administration entendu,

Avons arrêté et arrêtons :

Art. 1er. — A compter du 10 septembre 1893, les services civils de la colonie sont organisés comme suit :

1° Secrétariat du Gouvernement ;
2° Secrétariat général ;
3° Affaires politiques et indigènes.

Art. 2. — Les attributions de ces services sont ainsi réparties :

1° *Secrétariat du Gouvernement.*

Ouverture, enregistrement, distribution et conservation de la correspondance officielle. — Centralisation et expédition des dépêches ministérielles. — Chiffre avec le sous-secrétariat des colonies et les gouverneurs des colonies. — Préparation et enregistrement des arrêtés, décisions et circulaires. — Conseil d'administration.

Imprimerie et *Journal officiel des Établissements et Protectorats du golfe de Bénin.* — Annuaire. — Bibliothèque. — Classement et distribution des publications officielles. — Souscription aux publications intéressant la colonie. — Archives du commandant supérieur.

2° *Secrétariat général.*

Préparation de la correspondance dans l'intérieur de la colonie avec les fonctionnaires et agents de l'ordre civil et financier et avec les chefs de service de la colonie, c'est-à-dire avec le chef de service de l'artillerie, le chef du service administratif et le chef du service de santé.

Intermédiaire obligé des chefs des différents services civils avec le commandant supérieur ;

Tenue des archives civiles et financières.

Distribution des affaires au secrétariat général.

1er bureau. — Secrétariat et Justice.

2e bureau. — Administration générale.

3e bureau. — Finances, Travaux et Approvisionnements.

1er *bureau*. — Personnel civil. — Tenue de la matricule. — Gardes civils au point de vue de l'administration générale. — Conseil d'administration. — Élection au conseil supérieur des colonies. — Justice de paix à compétence étendue. — Greffe. — Successions vacantes. — Notariat. — Enregistrement. — Législations et délivrance de copies et expéditions conformes. — Contentieux administratif. — Régime de la propriété et demandes de concessions en territoires annexés. — Cadastre.

Mouvement de personnel et réquisitions de passage.

2e *bureau*. — État civil. — Instruction publique. — Douanes et contributions diverses. — Postes et Télégraphes. — Police. — Poids et mesures. — Régime du travail. — Immigration. — Émigration. — Ports et rades. — Voirie. — Secours aux indigents. — Rapatriements. — Régime sanitaire. — Cimetières.

3e *bureau*. — Budget local. Mouvement des fonds. — Mandatement des dépenses de personnel et matériel. — Établissement des ordres de recette. — Agents spéciaux. — Statistiques. — Matériel et magasins du service local. — Correspondance avec les administrateurs, vice-résidents et les postes pour tout ce qui concerne le service de l'intérieur.

Travaux publics. — Transports. — Approvisionnements et marchés pour le compte du service local.

3° *Affaires politiques et indigènes.*

Préparation de la correspondance politique avec le sous-secrétaire d'État, les gouverneurs coloniaux et administrateurs, les gouvernements étrangers et les consuls. —

Zone d'influence. — Délimitations de territoires. — Affaires indigènes. — Relations avec les souverains et chefs protégés. — Traités. — Réquisitions. — Cadeaux. — Coutumes.

Gardes civils. — Interprètes. — Courriers politiques. — Missions spéciales. — Service des renseignements. — Explorations. — Régime de la propriété dans les pays protégés. — Examen des demandes de concessions en pays protégés.

Service géographique. — Formation des collections de cartes et documents intéressant la colonie.

Art. 3. — Toutes dispositions contraires au présent arrêté sont abrogées.

Art. 4. — Le secrétaire général et le directeur des affaires politiques sont chargés de l'exécution du présent arrêté qui sera enregistré et communiqué partout où besoin sera et inséré au *Journal officiel des Établissements et Protectorats du golfe de Bénin.*

Porto-Novo, le 5 septembre 1893.

A. DODDS.

Rentrée du général Dodds. — Le gouvernement civil, cependant, ne devait entrer en fonctions qu'un peu plus tard, le conseil des ministres tenant à prendre auparavant l'avis du général et à le mettre en rapport avec le fonctionnaire qui devait, après lui, prendre la direction des affaires au Bénin.

Aussi, avant de s'embarquer pour la France, le 23 avril 1894, le général laissait-il le commandement supérieur de nos établissements au colonel Dumas avec la charge de centraliser à son cabinet le service des affaires civiles[1].

Rapatriement du corps expéditionnaire. — Dès le mois de décembre, cependant, jugeant que la question de la capture de Behanzin n'était qu'une affaire de jours et qu'en conséquence la période des opérations pouvait être considérée comme close, le général avait commencé le rapatriement des troupes du corps expéditionnaire.

Les deux compagnies formant le bataillon d'Afrique

---

1.   DÉCISION DU 22 AVRIL 1894.

Le Général de brigade, commandant supérieur des Établissements du Bénin, grand-officier de la Légion d'honneur,

Décide :

A compter du 23 avril courant et jusqu'à l'arrivée du secrétaire général et du personnel civil attendu de France, le service des affaires civiles sera, dans le but de faciliter l'expédition des affaires, centralisé à Ouidah et assuré par le cabinet du commandant supérieur.

Ouidah, le 22 avril 1894.

A. DODDS.

P. C. C.

L'Administrateur, chef du secrétariat,

FONSSAGRIVES.

prirent passage sur le paquebot de décembre et le général leur fit ses adieux dans l'ordre que voici :

ORDRE GÉNÉRAL N° 239

Le bataillon de marche d'infanterie légère d'Afrique quitte le Dahomey où pendant un an, constamment aux avant-postes, il a rendu des services très appréciés, grâce à l'activité et au dévouement du chef de bataillon et des officiers.

Le général les remercie tous, et particulièrement le commandant Chmitelin, du concours qu'ils ont apporté à la conquête et à la pacification du pays.

Le lieutenant-colonel Mauduit[1], commandant le groupe des bataillons du département de la guerre, quitte également le corps expéditionnaire.

Cet officier supérieur, resté pendant presque tout son séjour colonial dans le Haut-Dahomey et en présence des avant-postes d'un ennemi actif et vigilant, a été l'un des plus précieux auxiliaires du commandant supérieur.

Oumbezamé, 10 décembre 1893.

Le Général de brigade, commandant supérieur,
Signé : DODDS.

Le reste des troupes resta au Bénin pendant tout le mois de janvier, mais dès février 1894, le rapatriement méthodique recommençait.

---

1. Promu colonel par décret du 15 novembre.

Rapatriement des troupes du Dahomey.

En février :

Par le *Pernambuco*, à Bordeaux : la compagnie du 3ᵉ régiment d'infanterie de marine ;

Par le *Stamboul*, à Marseille : la compagnie du 4ᵉ régiment d'infanterie de marine ;

Par le *Stamboul*, à Oran : la 1ʳᵉ compagnie de légion étrangère ;

Par le *Stamboul* et le *Brandon*, à Dakar : la 9ᵉ compagnie de tirailleurs sénégalais.

En mars :

Par le *Maceio*, à Dakar : la 3ᵉ compagnie d'infanterie de marine du Sénégal et la moitié de la 10ᵉ compagnie des tirailleurs sénégalais ;

Par le *Pélion*, à Dakar : le reste de la 10ᵉ compagnie de tirailleurs sénégalais ;

Par le *Pélion*, à Oran : la 2ᵉ compagnie de légion étrangère.

En avril :

A Dakar : les 11ᵉ et 12ᵉ compagnies de tirailleurs sénégalais.

Emplacement des troupes à partir du mois d'avril.

Abomey . .
- 1 peloton d'infanterie de marine ;
- 4ᵉ compagnie de tirailleurs sénégalais ;
- 1 section d'artillerie ;

Zaganado .   4ᵉ compagnie de tirailleurs haoussas ;

Dogba. . .   2ᵉ compagnie de tirailleurs haoussas ;

Porto-Novo.   1ʳᵉ et 3ᵉ compagnies de tirailleurs haoussas ;

Cotonou. .   1 peloton d'infanterie de marine ;

Ouidah . .
- 2 sections d'artillerie ;
- 1ʳᵉ compagnie de tirailleurs sénégalais ;

Soit en tout : 1 compagnie d'infanterie de marine, 2 compagnies de tirailleurs sénégalais, 4 compagnies de tirailleurs haoussas et 3 sections d'artillerie [1].

Épilogue. — L'expédition du Dahomey est maintenant terminée et il ne nous reste plus, pour compléter cette étude, qu'à dire ce que devint le héros de cette aventure du Bénin, le roi du Dahomey, qui, dans sa lutte contre nos armes, venait de succomber non sans gloire, après avoir pendant quatre ans tenu en éveil l'opinion publique en France.

Behanzin n'existait plus comme souverain, mais on ne pouvait le laisser dans le pays, car sa présence seule suffisait à empêcher l'apaisement. Détrôner Behanzin et l'exiler à tout jamais du Dahomey avait d'ailleurs, et de tout temps, été considéré par le géné-

---

1. Il convient d'y ajouter la garde civile.

La garde civile, par décision du 20 décembre 1893 du général Dodds, fut portée à 234 hommes :

  3 inspecteurs,
  2 gardes principaux européens,
  1 garde principal indigène,
  8 sergents indigènes,
  20 caporaux indigènes,
  200 gardes civils indigènes,

répartis en 4 brigades affectées :

1° Au protectorat de Porto-Novo avec le cercle de Cotonou ;

2° Au cercle de Ouidah ;

3° Au cercle de Grand-Popo, avec les postes frontières du Togoland ;

4° Au protectorat du royaume de Dahomey et des pays voisins.

ral Dodds comme le seul moyen de rétablir la paix dans cette région troublée. Le Gouvernement français, suivant le commandant supérieur dans cette voie, désignait la Martinique comme lieu d'internement du roi déchu.

Dès son arrivée à Abomey, Behanzin avait été dirigé sur Cotonou et sans plus tarder embarqué sur le croiseur *le Segond* le 11 février 1894 avec six personnes de sa suite.

Arrivé à Dakar le 1er mars, le *Segond* reprenait la mer le 13. Le 31 mars, il mouillait à Fort-de-France et Behanzin rejoignait avec sa suite sa nouvelle résidence, le fort Tartenson, où il demeure, sous la garde de l'infanterie de marine.

Quant aux personnages[1] de l'entourage du roi déchu, dont on pouvait encore craindre les agissements, ils furent dirigés sur le Gabon.

---

1. Trois ministres, deux métis brésiliens, chefs de l'artillerie du Dahomey, Gidou, ancien cussugan, deux cabecères de Ouidah qui avaient renseigné Behanzin sur nos mouvements, furent embarqués sur la *Mésange*, qui quitta Cotonou le 27 février 1894, faisant route pour le Gabon.

La colonie du Dahomey et dépendances.

———

Organisation définitive de la colonie. — La conquête
du Dahomey terminée, il fallait songer à organiser
définitivement notre nouvelle possession.

Un décret, rendu le 22 juin 1894, sur la proposition
de M. Delcassé, ministre des colonies, pourvut à cette
organisation.

Ce décret, inséré au *Journal officiel,* portant la date
du 23 juin, était précédé d'un rapport au Président de
la République, ainsi conçu :

Monsieur le Président,

Le décret organique du 10 mars 1893, qui a constitué
en trois groupes distincts nos possessions de la Guinée, de
la Côte d'Ivoire et de la Côte des Esclaves, a donné à
chacun de ces établissements, sous l'administration supérieure d'un gouverneur, une existence propre destinée à
favoriser leur développement commercial.

Cette autonomie, reconnue indispensable tant à cause
de la distance séparant ces différents points de la côte occidentale d'Afrique que par suite de la diversité des intérêts spéciaux à chacun de ces territoires, s'imposait plus
particulièrement en ce qui concerne les établissements
français situés entre le Togo allemand et les territoires
anglais de Lagos.

La colonie du Bénin, a pris, en effet, un essor rapide,

et, malgré les deux expéditions successives qui ont dû, au cours de ces dernières années, être entreprises contre le Dahomey, elle s'est développée d'une manière prompte et continue. Au point de vue politique, la capture du roi Behanzin et son exil ayant suivi l'entrée de nos troupes à Abomey, la situation est nette et le pays semble pouvoir être considéré comme entièrement pacifié. Au point de vue commercial, le mouvement des importations et des exportations n'a cessé de croître dans de très remarquables proportions.

Il importe donc d'affermir une situation qui se présente sous d'aussi favorables auspices.

D'autre part, l'expérience acquise pendant l'année qui vient de s'écouler, ainsi que les événements survenus au cours de cette période, et dont la conclusion naturelle est la substitution du gouvernement civil au régime militaire, ont permis de constater qu'il n'était peut-être pas inutile d'apporter quelques compléments au décret du 10 mars et de le spécialiser en quelque sorte à la colonie du Bénin.

J'ai préparé à cet effet un projet de décret dont voici l'analyse :

J'ai cru tout d'abord devoir introduire dans ce projet une modification dans la dénomination même de la colonie. Des motifs d'ordre tout à fait politique et géographique m'ont amené à vous proposer de substituer à l'expression de « colonie du Bénin » celle de « colonie du Dahomey ». Le vocable « Bénin » s'applique plus justement aux vastes territoires anglais portant ce nom, qui sont situés à l'ouest des bouches du Niger.

L'expression actuellement employée ne me paraît donc plus en situation ; et il me semble, aussi bien pour éviter des erreurs géographiques que dans le désir très naturel de consacrer le souvenir de la conquête, que cette dénomination doive être adoptée.

Les articles 2 et 3 de ce projet déterminent les pouvoirs du gouverneur et les attributions du secrétaire général.

Il m'a paru indispensable de déterminer bien exactement la situation hiérarchique de ce dernier fonctionnaire afin d'éviter toute difficulté et tout conflit.

L'article 4 fixe la composition du conseil d'administration.

Le décret du 10 mars n'était pas suffisamment explicite en la matière ; et, d'un autre côté, l'article 9 du décret du 17 décembre 1891, réglant l'organisation de la colonie de la Guinée française et dépendances, plus complet sur ce point, ne pouvait plus être appliqué au Bénin.

En résumé, le projet que j'ai l'honneur de soumettre à votre haute appréciation, Monsieur le Président, ne modifie pas dans son essence l'ordre de choses existant. Il ne crée pas de nouveaux rouages administratifs, et, par conséquent, n'augmente pas les dépenses. Ce n'est, en réalité, que le commentaire et le complément du décret du 10 mars 1893 d'après les besoins actuels de la colonie.

Je vous prie d'agréer, Monsieur le Président, l'hommage de mon profond respect.

Le Ministre des colonies,
DELCASSÉ.

Voici le texte du décret réglant l'organisation et l'administration du Dahomey et dépendances :

Le Président de la République française,

Sur le rapport du ministre des colonies,
Vu les décrets du 1er août 1889, du 17 décembre 1891

et du 10 mars 1893, relatifs à l'organisation des possessions françaises de la Guinée, de la Côte d'Ivoire et du golfe du Bénin ;

Vu l'article 18 du sénatus-consulte du 3 mai 1854,

Décrète :

Art. 1er. — L'ensemble des possessions françaises de la côte occidentale d'Afrique situées sur la Côte des Esclaves, entre la colonie anglaise de Lagos à l'Est et le Togo allemand à l'Ouest, prend la dénomination de « Dahomey et dépendances ».

L'administration supérieure de cette colonie est confiée à un gouverneur, qui est chargé en outre de l'exercice du protectorat de la République sur les territoires de l'intérieur compris dans la zone d'influence française.

Art. 2. — Le gouverneur exerce dans toute l'étendue de la colonie les pouvoirs déterminés par les décrets et règlements en vigueur, et notamment par l'ordonnance organique du 7 septembre 1840.

Il est ordonnateur de toutes les dépenses, mais il peut déléguer ses pouvoirs en matière financière au secrétaire général.

Art. 3. — En cas de décès ou d'absence de la colonie, le gouverneur est remplacé par le secrétaire général, à moins d'une désignation spéciale faite par le ministre.

Art. 4. — Le conseil d'administration de la colonie du Dahomey et dépendances est composé ainsi qu'il suit :

Le gouverneur, président ;

Le secrétaire général ;

Le commandant des troupes ;

Le chef du service administratif ;

Un habitant notable français et un habitant notable indigène, désignés par le gouverneur.

Deux membres suppléants, ayant la même origine, sont désignés pour remplacer les deux habitants notables en cas d'absence.

Art. 5. — Le conseil d'administration du Dahomey et dépendances peut se constituer en conseil de contentieux administratif. Dans ce cas, il fonctionne conformément aux dispositions des décrets des 5 août et 7 septembre 1881, qui sont rendus applicables dans toute l'étendue de la colonie du Dahomey et dépendances.

Les deux membres qui seront adjoints au conseil d'administration siégeant au contentieux devront être choisis, à défaut des magistrats prévus par l'article 1er du décret du 5 août 1881, parmi les fonctionnaires de la colonie pourvus, autant que possible, du diplôme de licencié en droit.

Les fonctions du ministère public sont remplies par un fonctionnaire désigné par le gouverneur.

Art. 6. — Sont abrogées toutes les dispositions contraires au présent décret.

Art. 7. — Le ministre des colonies est chargé de l'exécution du présent décret, qui sera inséré au *Journal officiel de la République française*, au *Bulletin des lois* et au *Bulletin officiel* des colonies.

Fait à Paris, le 22 juin 1894.

CARNOT.

Par le Président de la République :

Le Ministre des colonies,

DELCASSÉ.

Un second décret, daté également du 22 juin, nommait gouverneur du Dahomey et dépendances M. V.-M.-L. Ballot, gouverneur de 3ᵉ classe des colonies, précédemment chargé des fonctions de lieutenant-gouverneur des Établissements français du Bénin et qui avait été, pour le général Dodds, un précieux auxiliaire.

ANNEXES

ARRÊTÉ

Nous, Général de brigade, commandant supérieur des Établissements français du Bénin, grand-officier de la Légion d'honneur,

Vu l'article 51 de l'ordonnance organique du 7 septembre 1840 ;

Vu le décret du 17 décembre 1891, réglant l'organisation politique et administrative de la Guinée française et dépendances ;

Vu l'article 4 du décret du 30 septembre 1887, sur les pouvoirs des gouverneurs à l'égard des indigènes, non citoyens français et de ceux qui leur sont assimilés ;

Vu la décision présidentielle du 30 avril 1892 ;

Le conseil d'administration entendu,

Avons arrêté et arrêtons :

Art. 1er. — Sont mis sous séquestre les biens, meubles et immeubles des indigènes originaires de Ouidah, dits métis brésiliens, qui ont accompagné le roi Behanzin dans sa fuite et dont les noms suivent :

> Candido, dit Rodriguez ;
> Cyrille Antonio, dit da Souza :
> Georges, dit da Souza ;
> Innocentio Sostrez ;
> Félix Lino, junior ;
> Alexandre, dit da Silva.

Art. 2. — Le présent arrêté, exécutoire dans les 48 heures, à la diligence du commandant de la région de Ouidah, sera communiqué, enregistré, affiché partout où besoin sera et publié au *Journal officiel des Établissements et protectorats du golfe de Bénin.*

Fait à Porto-Novo, le 9 janvier 1892.

Signé : A. DODDS.

ARRÊTÉ

Nous, Général de brigade, commandant supérieur des Établissements français du Bénin, grand-officier de la Légion d'honneur,

Vu l'article 51 de l'ordonnance organique du 7 septembre 1840 ;

Vu l'article 7 de la loi des 3-11 décembre 1849, sur le droit d'expulsion des étrangers ;

Vu la loi du 29 mai 1874 rendant applicable aux colonies la loi du 11 décembre 1849 ;

Vu le décret du 11 décembre 1891 portant réorganisation de la Guinée française et dépendances ;

Vu le décret du 12 février 1892 portant exécution de l'acte général de la conférence de Bruxelles ;

Ensemble les arrêtés du 20 mars et décret du 23 juillet 1892 interdisant, dans la colonie de la Guinée française et dépendances, l'importation et la vente de toutes armes à feu perfectionnées et de leurs munitions ;

Vu l'arrêté local du 14 avril 1892, interdisant dans les établissements du Bénin pendant la durée des hostilités avec le Dahomey l'introduction des armes et poudres de toutes sortes ;

Vu la décision présidentielle du 30 avril 1892 ;

Considérant que la raison sociale *Traugott-Sollner et Cie*, de Hambourg, possède des comptoirs à Grand-Popo, Agoué, Athiémé, Agomé-Seva où elle a toujours bénéficié de la protection française ;

Considérant qu'il résulte de l'enquête judiciaire par nous ordonnée le 31 décembre 1892, que cette maison n'a pas, dans un esprit de lucre, craint de profiter de nos relations tendues avec le Dahomey pour vendre au roi Behanzin, en avril et octobre 1891 : 200 fusils Spencer, 40 Snyder, 40 chassepots, 12 revolvers, 32,496 cartouches ; en avril 1892 : 1,150 cartouches diverses et 200 kilogr. de poudre ;

Considérant qu'il a été trouvé dans les magasins de la maison Traugott-Sollner et Cie, à Ouidah, après l'occupation française, 2,770 kilogr. de poudre qui n'ont pu être vendus pendant la durée des hostilités parce que l'agent de la factorerie, aujourd'hui décédé, avait quitté Ouidah avant le blocus de la côte ;

Attendu que les faits incriminés résultent des extraits des livres et des factures d'expédition de la maison Traugott-Sollner et Cie, dont copies conformes ont été jointes à l'instruction ;

Le conseil d'administration entendu,

Avons arrêté et arrêtons :

Art. 1er. — Les comptoirs de la raison sociale *Traugott-Sollner et Cie*, de Hambourg, sis dans nos établissements, seront et demeureront fermés jusqu'à décision à intervenir de M. le Ministre de la marine et des colonies.

Art. 2. — Le présent arrêté, exécutoire dans les 48 heures, à la diligence des commandants de région, administrateurs, vice-résidents et tous agents de la force publique, sera communiqué, enregistré, affiché partout où besoin sera et publié au *Journal officiel des Établissements et protectorats du golfe de Bénin.*

Fait à Porto-Novo, le 6 janvier 1893.

Signé : A. DODDS.

ARRÊTÉ

Nous, Général de brigade, commandant supérieur des Établissements français du Bénin, grand-officier de la Légion d'honneur,

Vu l'article 51 de l'ordonnance organique du 7 septembre 1840 ;

Vu l'article 7 de la loi des 3-11 décembre 1849 sur le droit d'expulsion des étrangers ;

Vu la loi du 29 mai 1894 rendant applicable aux colonies la loi du 11 décembre 1849 ;

Vu le décret du 17 décembre 1891, portant réorganisation de la Guinée française et dépendances ;

Vu le décret du 12 février 1892 portant exécution de l'acte général de la conférence de Bruxelles ;

Ensemble les arrêtés du 20 mars et décret du 23 juillet 1892 interdisant, dans la colonie de la Guinée française et dépendances, l'importation et la vente de toutes armes à feu perfectionnées et de leurs munitions ;

Vu la décision présidentielle du 30 avril 1892 ;

Vu la déclaration du 3 décembre 1892, annexant aux possessions de la République les territoires de Ouidah, Savi, Avrékété et Godomey ;

Considérant qu'il résulte de l'enquête judiciaire par nous ordonnée le 31 décembre 1892, que le sieur *Barth,* commerçant à Ouidah, a vendu au roi du Dahomey 275 fusils à tir rapide et 82,500 cartouches en octobre 1891, plus 325 fusils à tir rapide et 97,500 cartouches en avril 1892, quelques jours après l'attaque par les guerriers dahoméens de la canonnière *Topaze* dans les eaux du Ouémé, attaque qui a eu lieu le 27 mars 1892 ;

Attendu que la vente précitée est passée dans les livres de Barth au compte Behanzin, Abomey, folio 66, dont l'extrait conforme a été joint au dossier de l'inculpé ;

Attendu qu'il résulte des aveux du sieur Barth à l'instruction qu'il est demeuré à Ouidah pendant la durée des hostilités et qu'il n'a pas vendu d'armes « parce qu'il n'en avait plus » ;

Le conseil d'administration entendu,

Avons arrêté et arrêtons :

Art. 1ᵉʳ. — Le sieur *Barth,* Ernest, né à Berne (Suisse), le 14 août 1861, commerçant à Ouidah, associé de Joss, demeurant à Hambourg (Allemagne), est expulsé à titre définitif des établissements français du golfe de Bénin.

Art. 2. — Le présent arrêté, exécutoire dans les 48 heures, à la diligence des commandants de région, administrateurs, vice-résidents et tous agents de la force publique, sera communiqué, enregistré, affiché partout où besoin sera et publié au *Journal officiel des Établissements et protectorats du golfe de Bénin.*

Fait à Porto-Novo, le 6 janvier 1893.

Signé : A. DODDS.

ARRÊTÉ

Nous, Général de brigade, commandant supérieur des Établissements français du golfe de Bénin, grand-officier de la Légion d'honneur,

Vu l'article 51 de l'ordonnance organique du 7 septembre 1840;

Vu l'article 7 de la loi des 3-11 décembre 1849 sur la situation des étrangers;

Vu la loi du 29 mai 1874 rendant applicable aux colonies la loi du 11 décembre 1849;

Vu le décret du 17 décembre 1891, portant réorganisation de la Guinée française et dépendances;

Vu la décision présidentielle du 30 avril 1892;

Considérant que le sieur *Vitt*, employé de commerce, a bénéficié depuis 1887 de la protection française au Bénin; et que moins que tout autre il n'était autorisé à favoriser, après la campagne de 1890, la première introduction au Dahomey d'armes à tir rapide;

Considérant que dans les circonstances actuelles, le bon ordre et la sécurité de la colonie commandent de prendre des mesures de rigueur à l'égard des étrangers qui pourraient compromettre la tranquillité publique;

Attendu qu'il résulte de l'extrait de la facture commerciale, certifiée conforme et jointe à l'instruction, que le sieur Vitt a effectué, en janvier 1891, une livraison de 408 fusils Chassepot et, en avril 1891, une livraison de 26,280 cartouches au roi de Dahomey,

Avons arrêté et arrêtons :

Art. 1er. — Le sieur Vitt, Ernz-Léopold, né le 10 septembre 1863, à Hambourg (Allemagne), agent de la maison Godelt, de Hambourg, domicilié à Grand-Popo et résidant actuellement à Ouidah, est expulsé des établissements français du golfe de Bénin.

Art. 2. — Le présent arrêté, exécutoire dans les 48 heures, à la diligence des commandants de région, administrateurs, vice-résidents et tous agents de la force publique, sera communiqué, enregistré, affiché partout où besoin sera et publié au *Journal officiel des Établissements et protectorats du golfe de Bénin.*

Fait à Porto-Novo, le 9 janvier 1893.

Signé : A. DODDS.

ARRÊTÉ

Nous, Général de brigade, commandant supérieur des Établissements français du Bénin, grand-officier de la Légion d'honneur,

Vu l'article 51 de l'ordonnance organique du 7 septembre 1840 ;

Vu l'article 7 de la loi des 3-11 décembre 1849 sur le droit d'expulsion des étrangers ;

Vu la loi du 29 mai 1874 rendant applicable aux colonies la loi du 11 décembre 1849 ;

Vu le décret du 17 décembre 1891, portant réorganisation de la Guinée française et dépendances ;

Vu le décret du 12 février 1892 portant exécution de l'acte général de la conférence de Bruxelles ;

Ensemble les arrêtés du 20 mars et décret du 23 juillet 1892 interdisant dans la colonie de la Guinée française et dépendances l'importation et la vente de toutes armes à feu perfectionnées et de leurs munitions ;

Vu la décision présidentielle du 30 avril 1892 ;

Considérant qu'il résulte de l'enquête judiciaire par nous ordonnée le 31 décembre 1892, que la maison de commerce *Volber et Brohm*, de Hambourg, installée à Grand-Popo et comptoirs circonvoisins, a, par l'intermédiaire de ses agents *Richter* et *Buss*, vendu au roi du Dahomey, les 28 février, 5 mars, 11 avril, 12 juillet, 9 août 1892, des armes et munitions de guerre prohibées, dont le détail est donné par l'annexe au présent arrêté ;

Attendu que les faits incriminés résultent des aveux consignés aux interrogatoires des inculpés et de la vérification des livres de commerce ;

Le conseil d'administration entendu,

Avons arrêté et arrêtons :

Art. 1er. — Les nommés :

1° Richter, Ernest, né à Hambourg (Allemagne), le 6 novembre 1862, agent en chef de la maison Volber et Brohm ;

2° Buss, Peter, né à Munster (Allemagne), le 14 juin 1861, employé de ladite maison, sont expulsés des établissements français du golfe de Bénin.

Art. 2. — Les comptoirs de la raison sociale *Volber-Brohm*, de Hambourg, sis dans nos établissements seront et demeureront fermés jusqu'à décision à intervenir de M. le Ministre de la marine et des colonies.

Art. 3. — Le présent arrêté, exécutoire dans les

48 heures, à la diligence des commandants de région, administrateurs, vice-résidents et tous agents de la force publique, sera communiqué, enregistré, affiché partout où besoin sera et publié au *Journal officiel des Établissements et protectorats du golfe de Bénin.*

Fait à Porto-Novo, le 9 janvier 1893.

Signé : A. DODDS.

ARRÊTÉ

Nous, Général de brigade, commandant supérieur des Établissements français du Bénin, grand-officier de la Légion d'honneur,

Vu l'article 51 de l'ordonnance organique du 7 septembre 1840 ;

Vu l'article 7 de la loi des 3-11 décembre 1849 sur les étrangers ;

Vu la loi du 29 mai 1874, rendant applicable aux colonies la loi du 11 décembre 1849 ;

Vu le décret du 17 décembre 1891, portant réorganisation de la Guinée française et dépendances ;

Vu le décret du 12 février 1892, portant exécution de l'acte général de la conférence de Bruxelles ;

Ensemble les arrêtés du 20 mars et décret du 23 juillet 1892 interdisant, dans la colonie de la Guinée française et dépendances, l'importation et la vente de toutes armes à feu perfectionnées et de leurs munitions ;

Vu la décision présidentielle du 30 avril 1892 ;

Vu les instructions ministérielles en date du 1er février 1893 ;

Le conseil d'administration entendu,

Avons arrêté et arrêtons :

Art. 1er. — Les comptoirs de la raison sociale *Volber et Brohm*, de Hambourg, sis dans nos établissements seront et demeureront fermés à titre définitif à compter de la date du présent arrêté.

Art. 2. — Le présent arrêté, exécutoire à la diligence des commandants de région, administrateurs, vice-résidents et tous agents de la force publique, sera communiqué, enregistré, affiché partout où besoin sera et publié au *Journal officiel des Établissements et protectorats du golfe de Bénin*.

Ouidah, le 5 février 1893.

Signé : A. DODDS.

———

ARRÊTÉ

Nous, Général de brigade, commandant supérieur des Établissements français du golfe de Bénin, grand-officier de la Légion d'honneur,

Vu l'article 51 de l'ordonnance organique du 7 septembre 1840 ;

Vu l'article 7 de la loi des 3-11 décembre 1849, sur le droit d'expulsion des étrangers ;

Vu la loi du 29 mai 1874 rendant applicable aux colonies la loi du 11 décembre 1849;

Vu le décret du 17 décembre 1891, portant réorganisation de la Guinée française et de ses dépendances.

Vu le décret du 12 février 1892, portant exécution de l'acte général de la conférence de Bruxelles;

Ensemble les arrêtés du 20 mars et décret du 23 juillet 1892 interdisant dans la colonie de la Guinée française et dépendances l'importation et la vente de toutes armes à feu perfectionnées et de leurs munitions;

Vu la décision présidentielle du 30 avril 1892;

Vu la déclaration du 3 décembre 1892 annexant aux possessions de la République les territoire de Ouidah, Savi, Avrékété et Godomey;

Vu l'arrêté du 9 janvier 1893;

Vu la dépêche ministérielle du 25 mars 1893;

Le conseil d'administration entendu,

Avons arrêté et arrêtons :

Art. 1er. — Les comptoirs de la raison sociale *E. Barth et Joss*, de Hambourg, sont fermés définitivement à compter de la date du présent arrêté qui sera communiqué, enregistré, affiché partout où besoin sera et publié au *Journal officiel des Établissements et protectorats du golfe de Bénin.*

Fait à Ouidah, le 26 mars 1893.

Signé : A. DODDS.

RECRUTEMENT

DE LA 4ᵉ COMPAGNIE DE TIRAILLEURS HAOUSSAS

A Messieurs les commandants de région, administrateurs et chefs de poste.

A partir de ce jour, des engagements volontaires pour le corps des tirailleurs haoussas seront reçus dans tout le territoire dahoméen annexé aux possessions de la République française ou placé sous le protectorat de la France.

Les avantages offerts sont les suivants :

I. — Le tirailleur peut s'engager pour 2 ans, pour 4 ans ou pour 6 ans.

Il a droit à une prime d'engagement.

Cette prime se monte :

Pour l'engagement de 2 ans, à la somme de 80 fr. Le tirailleur reçoit 40 fr. au commencement de chaque année.

Pour l'engagement de 4 ans, à la somme de 180 fr. Le tirailleur reçoit 40 fr. au commencement de la première et de la deuxième année de service et 50 fr. au commencement des troisième et quatrième années.

Pour l'engagement de 6 ans, à la somme de 300 fr. Le tirailleur reçoit 50 fr. au commencement de chaque année.

II. — A partir de son incorporation, le tirailleur reçoit une allocation journalière de 1 fr. 30 c. qui comprend :

Une solde de 0 fr. 50 c. par jour ;

Une indemnité de vivres de 0 fr. 80 c. par jour. En colonne, cette indemnité de vivres est remplacée par une distribution en nature.

Le tirailleur est pourvu en outre des effets d'habillement et d'équipement réglementaires.

III. — Lorsque le tirailleur est arrivé au terme du temps de service pour lequel il s'est engagé, il peut être autorisé, s'il le demande, à contracter un rengagement.

Dans ce cas, il a droit à une prime de :

80 fr. pour un rengagement de 2 ans ;

180 fr. pour un rengagement de 4 ans ;

300 fr. pour un rengagement de 6 ans.

IV. — La solde du tirailleur est augmentée par des hautes payes d'ancienneté ; elle devient, en y comprenant l'indemnité de vivres, de :

1 fr. 35 c. au bout de 5 ans de service ;

1 fr. 40 c. au bout de 10 ans de service ;

1 fr. 45 c. au bout de 15 ans de service.

V. — Le tirailleur peut, s'il le mérite, être nommé successivement :

Tirailleur de 1re classe, caporal, sergent.

La solde, les hautes payes d'ancienneté et l'indemnité de vivres augmentent au fur et à mesure que le tirailleur est nommé à une classe ou à un grade supérieur. C'est ainsi qu'un sergent rengagé touche, au bout de 15 ans de service, une somme totale de 2 fr. 30 c. par jour.

VI. — Le tirailleur peut obtenir, s'il se distingue par sa bravoure et sa bonne conduite, la Médaille militaire dans les mêmes conditions que les soldats européens. Cette médaille donne droit à une somme de 100 fr., payable chaque année, pendant toute la vie du titulaire.

Le tirailleur peut enfin être décoré de la croix de la Légion d'honneur en récompense de services exceptionnels. Cette haute distinction donne droit à une somme de 250 fr., payable également chaque année pendant toute la vie du titulaire.

Les habitants indigènes de tout le territoire dahoméen annexé aux possessions de la République française ou placé sous le protectorat de la France, qui désireraient servir dans ces conditions, aux tirailleurs haoussas, dans la 4e compagnie en formation à Ouidah, se présenteront au commandant du poste le plus rapproché de leur rési-dence, qui examinera s'ils sont aptes au service militaire et les dirigera sur Ouidah ou Cotonou suivant le cas.

Porto-Novo, le 13 janvier 1893.

Signé : A. DODDS.

TABLE DES MATIÈRES

TROISIÈME PARTIE

L'ORGANISATION CIVILE AU DAHOMEY

Nancy, impr. Berger-Levrault et Cie.

9 782013 713986